Cornelia Ziegler

111 Orte im Allgäu, die man gesehen haben muss

Mit Fotografien von Chris Sindermann

emons:

Bibliografische Information der Deutschen Nationalbibliothek
Die Deutsche Nationalbibliothek verzeichnet diese Publikation in der Deutschen Nationalbibliografie; detaillierte bibliografische Daten sind im Internet über http://dnb.d-nb.de abrufbar.

Lektorat: Saskia Römer
Gestaltung: Eva Kraskes, nach einem Konzept
von Lübbeke | Naumann | Thoben
Kartografie: altancicek.design, www.altancicek.de
Kartenbasisinformationen aus Openstreetmap,

Druck und Bindung: B.O.S.S Druck und Medien GmbH, Goch
Printed in Germany 2014
ISBN 978-3-95451-343-7
Originalausgabe

Vorwort

Nein, Neuschwanstein steht nicht in Oberbayern. Das Schloss ragt im Allgäu empor! Das muss jetzt mal mit aller Nachdrücklichkeit gesagt werden. Allgäu ist nicht nur dort, wo Berge an den Himmelswolken kratzen und die Almen Alpen heißen. Allgäu ist auch eine Seelenlandschaft und beginnt dort, wo die Kühe mit den wunderbar warmen Augen, den henkelförmigen Plüschohren und den weiß umrandeten Nüstern grasen. Wenn man von München aus mit dem Zug – was sehr zu empfehlen ist – ins Allgäu fährt, geht dem Reisenden in der Region Buchloe, Tor zum Allgäu genannt, das Herz auf.

Es sind Erlebnisse wie jener Nachmittag in der Kemptner Ruine, wo ein Ehrenamtlicher mit Begeisterung Stunde um Stunde jede Wandzeichnung und jeden Tapetenrest erklärt – und allein davon gibt es mindestens 15 verschiedene, selbst das deutsche Tapetenmuseum war schon hier –, die dem Besucher im Gedächtnis bleiben. Und sicher wird niemand das Gänsehauterlebnis angesichts des riesigen Mantels von König Ludwig bei den Klängen von Götterdämmerung vergessen. Ein Gänsehauterlebnis der grausigen Art ist hingegen der Anblick von Hitlers Ordensburg in Sonthofen, wo Hardy Krüger einst zur Schule ging.

Wir, ich als Autorin und Chris Sindermann als Fotograf und Fahrer, haben unsere Allgäu-Recherchen hinter uns – Sie haben sie vor sich. Welch schöne (Allgäuer) Aussicht!

111 Orte

emplerstraße

1 Die Besenkapelle

Hählings aufgesucht von Hautkranken

Es gibt »Besenwirtschaften« und »Besenkapellen«. Erstere werden öffentlich von Hungrigen und Durstigen aufgesucht, zweitere meist »hählings« – heimlich – von Menschen mit Hautkrankheiten. Die Aichstettener Besenkapelle liegt, wie die meisten ihrer Art, einsam und abgelegen im Wald. Offiziell ist sie dem heiligen Rochus geweiht, der sich im 14. Jahrhundert um die Pflege von Pestkranken kümmerte. Anfänglich nur als Pestheiliger verehrt, war er in späteren Zeiten für Seuchen allgemein zuständig.

Heute ist er der Heilige, der bei Hautkrankheiten jedweder Art aufgesucht wird. Im Allgäu wird er insbesondere bei Furunkeln (schwäbisch »Oisaa«), Geschwüren, die aussehen wie Pestbeulen, sowie Warzen um Hilfe gebeten. Bis zur Renovierung im Jahr 1984 stand in der Kapelle auch eine Statue des Heiligen, die heute in Privatbesitz ist.

Nun liegt Aichstetten im Schwäbischen. Und was liegt dem Schwaben sehr am Herzen? Richtig – es ist seine hochheilige Kehrwoche. Und so mag es kein Zufall sein, dass hier der Brauch zu Hause ist, mit dem Besen nicht nur den sichtbaren Schmutz, sondern auch Unreinheiten im übertragenen Sinne, also Hautkrankheiten, zu beseitigen. Daher war es von alters her Sitte, zum heiligen Rochus zu beten und einen Besen als Opfergabe abzustellen. In den letzten Jahren wurden immer öfter statt der Birkenreisigbesen moderne Reinigungsgeräte abgestellt, ist ja schließlich egal, mit was man die Krankheit wegputzt. Und manch einer soll sich über die kostenlosen Haushaltshilfen gefreut haben.

Ganz besonders wirksam soll es sein, wenn man nachts mit einem Besen zur Kapelle pilgert und diesen dort »opfert«. Bei Warzen winkt sogar 100-prozentige Heilung. Wer bei seinem Besuch keinen Besen sieht, sollte mal im Wald suchen, nach Putzarbeiten landen die Besen oft dort. Denn selbst eine Besenkapelle muss eben ab und zu besenrein gemacht werden.

Adresse 88317 Aichstetten | **Pkw** L 260 zwischen Aichstetten und Altmannshofen, am Einzelhof Bärtle parken. Von dem Landwirtschaftsweg, der Aichstetten mit Altmannshofen verbindet, führt ein Waldwirtschaftsweg beim Hof Bärtle in Richtung Norden zum Blutsberg. Nach ungefähr 300 Metern bergauf erreicht man die Besenkapelle. | **Tipp** Gute und günstige schwäbische und internationale Küche gibt's in der Meyerei (benannt nach der Inhaberin) in der Bachstraße 1. Hier befand sich einst Aichstettens erste Meierei (eine alte Bezeichnung für Molkerei).

2 D'r Löwen

Gugged nei ond langed zua!

Nicht weit nach dem Schild »Baden-Württemberg«, also kurz hinter dem Übergang vom bayerischen ins schwäbische Allgäu, liegt versteckt eine Wohn- und Wirtschaftsgemeinschaft der skurrilen Art.

Eigentlich wollte der »Fischkopf« aus dem Löwen-Trio einst nach Australien, wo er nie ankam, weil die Post streikte und er so in der Schweiz landete, wo er eine Österreicherin traf, die er kurzerhand mit nach Deutschland nahm, wo sie ihr Duo mit einer Schwäbin zum Trio machten. Die drei übernahmen den Landgasthof »D'r Löwen« und tauschten so den Traum von der großen, weiten Welt gegen das Schwabenländle. Mit von der Partie sind außerdem Kim – Ziegenmama des Jahres, verschmust, verfressen, verdammt neugierig – und Toni – leidenschaftlicher Spaziergänger an der Leine und, wenn es nach ihm ginge, lieber eine Ziege denn ein Schaf. Gretel, die schüchterne Ziegenschönheit, Napoleon, Chef im Camp, Sonnenanbeter, Schattenparker und Diktator in Personalunion, die blonde Hermine und die ganze verfressene, verpennte Hasenbande gehören auch zum Hof. Zusammen mit den Lamas Kerry und Hansi – die sich bevorzugt gegenseitig anspucken und außerdem für einen Spaziergang zu mieten sind – machen sie das Team komplett. Die ganze Menagerie, außer Fischkopf, Österreicherin und Schwäbin, darf gestreichelt und gefüttert werden!

Im Biergarten des Löwen sitzt man mit Blick auf die Tiergehege, in den Gasträumen mit Blick auf eine skurrile, hintersinnige Deko. Damit es keinen Streit gab, durfte jeder der Eigentümer nach seinem persönlichen Gusto ein Eckchen dekorieren. Das Harmonieprinzip greift auch bei der Speiseauswahl: Freitagabends gibt's Schweinshaxe, und täglich grüßt das Forellenfilet von der Speisekarte. Bei den ökumenischen Maultaschen vertragen sich eine fleischige und eine vegetarische Variante auf einem gemeinsamen Teller. Die originellen Speisekarten darf man mitnehmen. Aber gerne doch!

Adresse D'r Löwen, Bahnhofstraße 13, 88319 Aitrach, Tel. 07565/942848, www.loewen-aitrach.de | Pkw Am Autobahnkreuz Memmingen Richtung Lindau, Ausfahrt Aitrach, in Aitrach folgen Sie immer der Hauptstraße bis links ein großes blaues Haus erscheint. | Öffnungszeiten Mo 10–14 Uhr, im Winter Mo Ruhetag, Mi–Sa 10–14 und ab 17 Uhr, So, Feiertage ab 10 Uhr | Tipp Oberhalb von Aitrach steht eine der zahlreichen Burgen des Allgäus. Der ältere, malerische Teil von Burg Marstetten ist zugänglich, der neue Teil bewohnt.

3 Spuren der Templer

Was noch zu beweisen wäre

Kornelius Riedmiller, ein Allgäuer Autor, schrieb in den 1970er Jahren: »Selbst die Allgäuer wissen nicht genau, wo das Allgäu anfängt und wo es aufhört. Trotzdem sei's gewagt, grobe Grenzen zu nennen. Von Lindau über Wangen, Leutkirch, Memmingen bis Buchloe verläuft etwa der Nordrand. Der Lech ist im Osten eine Markierung.« Altenstadt liegt am Lech. Also im Allgäu. Und die Güter der Templer lagen fast immer an Flüssen …

Nachdem 1188 die »neue Stadt« Schongau gegründet wurde, trat Altenstadt, der mutmaßliche Templerbesitz, immer mehr in den Hintergrund. Der Ort war zu weit vom Templergut in Moritzbrunn entfernt.

Eine Urkunde vom 7. Dezember 1289 berichtet, dass der Tempelherrenmeister Friedrich Wildgraf den Besitz seines Ordens in Altenstadt an das Prämonstratenserstift verkauft hatte. Belegt sind außerdem verschiedene Templergüter im Gebiet des oberen Lechrains. Weitere Beweise für die Existenz des Ordens in Altenstadt existieren nicht. Aber Indizien: Bis heute gibt es in Altenstadt eine Templerstraße.

Geheimnisvoller wird es bei der Basilika St. Michael. Die gewaltige Kirche wurde irgendwann in den Jahren 1170 bis 1220 zur Zeit der Kreuzzüge erbaut und ist von der Wuchtigkeit, die für Templerkirchen typisch ist. Das Relief über dem Portal der Basilika stellt einen Ritter dar, der gegen ein Ungeheuer kämpft und versucht, der Bestie eine gekrönte Frau aus dem Maul zu reißen. Es soll die Befreiung der Heiligen Stadt von den Ungläubigen, also die Befreiung Jerusalems, versinnbildlichen.

Die ehemalige Lorenzkirche, ein einschiffiger Bau aus mächtigen Tuffsteinquadern, stammt aus dem 12. Jahrhundert, wurde aber 1812 zum Bauernhaus umgebaut. In dieser ehemaligen Templerkirche wurden auffallend große Menschenknochen gefunden; es könnten die von Tempelrittern gewesen sein.

Adresse St.-Lorenz-Straße 28, 86972 Altenstadt | **Pkw** B 17 rechts abbiegen Richtung Altenstadt, auf die Franz-Josef-Strauß-Straße St 2014, dann rechts St.-Lorenz-Straße | **Tipp** Unübersehbar steht auf dem Burglachberg bei Altenstadt die Luftlande-/Lufttransportschule Altenstadt in der Franz-Josef-Strauß-Kaserne. Einst befand sich hier die Burganlage der Tempelritter, bestehend aus zwei Hauptgebäuden und einer doppelten Wallanlage. Auf der Straße Richtung Schongau führt vor Sachsenkam rechts neben der Straße ein geschwungener Weg zu einer kleinen Kapelle auf einer Höhe.

4 Die Wallfahrtskirche

Vergissmeinnicht

Im an mystischen Plätzen nicht eben armen Allgäu ist dieser sicher einer der merkwürdigsten, denn hier stehen, wie im Jenseits zusammengekuschelt, die Grabkreuze Verstorbener, im »Wald der Grabkreuze«. Die unzähligen in den Boden gesteckten Kreuze mit Trauerflor, Inschriften und Bildern lassen wohl keinen unberührt.

Angefangen hat die Geschichte von Gschnaidt mit einem Eremiten, der hier hauste. Nach seinem Tod sollte er im zwölf Kilometer entfernten Frauenzell beerdigt werden, wenn nur die Pferde gewollt hätten, die den Sargwagen zogen. Doch die Vierhufer drehten vor Frauenzell immer wieder um und trabten dahin zurück, wo sie hergekommen waren: nach Gschnaidt, wo der Eremit dann auch schlussendlich begraben wurde. Zu seinen Ehren wurde über seiner Grabstelle die Kapelle errichtet.

Heute stehen zwei Kapellen dort oben, eine aus dem 18. und eine aus dem 19. Jahrhundert. In der größeren von beiden hängt gleich im Eingang ein Votivbild, das an das »Schneewunder« von 1843 erinnert, als im März im tiefen Schnee merkwürdige Zeichen erschienen. Weil keiner so recht weiß, was es mit dem Wunder auf sich hatte und was der Name »Gschnaidt« bedeutet, kam die Erklärung auf, dass der Name auf »Es hat geschneit« zurückzuführen ist. Bald sprach sich herum, dass hier oben an einem Kreuz »viele Guttaten geschehen seien«, eine florierende Wallfahrtstradition entwickelte sich. Sehr zum Ärger der Pfarrer der umliegenden Orte, die sich ob der Opfergaben, die nun hier oben landeten statt bei ihnen unten, beim Bischof in Augsburg beschwerten. Ohne Ergebnis, noch heute wird hierher gewallfahrtet.

Nicht genug des Wunders: Auch das Wasser unterhalb der Kirchen (ein Kreuzweg führt dorthin) soll heilkräftig sein und besonders bei Augenleiden helfen. Ob wirklich das Wasser heilt oder eher der Glaube daran, spielt für viele keine Rolle, sie kommen, um es sich flaschenweise abzufüllen.

Adresse Gschnaidt, 87452 Altusried (Gschnaidt) | Pkw südlich von Kimratshofen beim Weiler Wassergat der OA 14 folgen, über die Weiler Bruderhöfe, Seefeld und Lendraß nach Gschnaidt | Tipp Die Freilichtbühne im nahen Festspielort Altusried ist eine der schönsten Open-Air-Bühnen Deutschlands.

5__Das Hotel Prinz-Luitpold-Bad

Ein bisschen königlich

Dies ist kein Hotel für Minimalisten. Die Kissen haben einen Knick und die Tischchen ein Deckchen. Der Blick vom Restaurant ist zu malerisch, um wahr zu sein. Das Ganze wirkt ein bisschen königlich, schließlich ist das Haus auch nach Luitpold Karl Joseph Wilhelm von Bayern benannt, dem Prinzregenten, der nach dem plötzlichen Tod des Märchenkönigs Ludwig II. für dessen geisteskranken Bruder Otto I. regierte, also ein bisschen König war.

Besonders stolz ist man hier nicht nur auf die delikate Küche, sondern auch auf die historische Einrichtung. Und da man ja nur sieht, was man weiß, hängen neben den Antiquitäten in Gold gerahmte Erklärungen. Da wären also der Schreibtischstuhl des Prinzregenten persönlich (man darf sich sogar reinsetzen!) und eine Boulle-Uhr aus dem 19. Jahrhundert. Über der Lobby schwebt eine Bleiglasdecke anno 1888, die aus dem Touring Club in Brüssel stammt und vielleicht von Victor Horta, dem Begründer des Jugendstils, entworfen wurde. Nichts Genaues wird man aber niemals wissen, denn Horta hat leider seine Aufzeichnungen verbrannt. Dann gibt es noch den Bibliotheksbogen, antikisierende Säulen, die Ritterstube und diverse Möbel aus dem in den 1790er Jahren erbauten schottischen Lanrick Castle. Im 19. Jahrhundert war es im Besitz von William Jardine, Mitbegründer von Hongkong, mitverantwortlich für den Opiumkrieg und Protagonist einer Romantrilogie.

Historisch ist im Prinz Luitpold irgendwie alles, selbst der Wellnessbereich geht auf die Zeit des Prinzregenten zurück, und das Moor in den Bädern stammt aus einem über 40.000 Jahre alten alpinen Hochmoor. Das Haus mit seinem Stilmix von Möbeln und Einrichtungsgegenständen aus verschiedenen Epochen ist ein wunderbares Beispiel für den Historismus einer Ära, die es endlich einmal wertzuschätzen gilt.

Adresse Hotel Prinz-Luitpold-Bad, Andreas-Gross-Straße 7, 87541 Bad Hindelang (Bad Oberdorf), Tel. 08324/892262, www.luitpoldbad.de | **Pkw** A 7 bis zur Ausfahrt »Bad Hindelang-Oberjoch« bei Oy-Mittelberg, ab da über die B 309/310 bis Bad Oberdorf | **Tipp** Das Hotel bietet Kurse in Krolf, einer Mischung aus Krocket und Golf, nur viel simpler. Gespielt wird mit einem Feldhockeyball auf einer Wiese mit zwölf Löchern. Der Oberjochpass gilt mit 107 Kurven als die kurvenreichste Straße Deutschlands und führt direkt durch den Ort.

6 Das Kutschenmuseum

Verwunschene Welt

Er ist menschenscheu, wird nicht von jedermann verstanden und hat sich seine eigene Traumwelt erschaffen. Nein, nein, gemeint ist nicht der Märchenkönig Ludwig II., sondern der frühere Malermeister und heutige Museumsleiter Martin Weber. Museum, das hört sich kultiviert an, nach Didaktik, Pädagogik, Methodik. Kurzum, nach einer geordneten Institution. Irrtum. In Martin Webers Welt ist alles verschlungen, verwunschen, verwinkelt.

Gusseiserne Hirsche weiden auf der Wiese vor dem Stadel, zwei Hosenbeine lugen hervor, und neben dem Eingang steht ein an die 100 Jahre alter schwarzer böhmischer Leichenwagen, gruslig, trotz der Cherubine.

Längst ist das Kutschenmuseum nicht nur ein Museum. Es ist ein Gesamtkunstwerk, ein Konglomerat aus Kitsch und Krempel, angeordnet mit einer Logik, die meist nur Weber selbst versteht. Am ergreifendsten ist die nachgestellte Kutschenszenerie à la »Doktor Schiwago«: Ein in Pelze gehülltes Paar sitzt im Pferdeschlitten, umgeben von mattem Mondlicht und schwebenden Kristallen. Daneben heult ewig lautlos ein Wolf.

Jüngst hat sich Martin Weber, der einmal Priester werden wollte, hier seine eigene Kapelle eingerichtet. Wie es so ist mit Menschen, die ihren ureigenen Weg gehen: In Hinterstein wurde Martin Weber von vielen nicht verstanden, nicht geliebt, ihm manch Stein in den Weg gelegt. Heute gehört sein Kutschenmuseum längst zu den etablierten Sehenswürdigkeiten des Landes, die Einträge im Gästebuch klingen begeistert:

»Mein Weg hat mich abermals in Ihr verzaubertes und bezauberndes Reich geführt«, schreiben Ernestine und Bernhard. Und Apollonia hinterließ am 25. April 2013: »Es gibt keine Worte. Ich werde etwas mit nach Hause nehmen, was unbeschreiblich ist.« Weber fürchtet, dass die Vergänglichkeit »keiner mehr sehen« will. Er möchte sie zeigen. Das ist ihm gelungen.

Adresse Im Schlauchen 20, 87541 Bad Hindelang (Hinterstein), Tel. 08321/787175 | Pkw B 308 nach Bad Hindelang, nach Hinterstein fahren, auf dem Parkplatz »Auf der Höh« parken, von dort eine Viertelstunde Fußweg | Öffnungszeiten täglich 8–20 Uhr | Tipp Das »Prinze Gumpe« mitten in Hinterstein ist ein herrlich nostalgisches Bergbad. Schon Prinzregent Luitpold soll hier geplanscht haben.

7_Der Liebespfad

Durch den Tunnel der Turteltäubchen

Pack das Taschenmesser ein, nimm den Picknickkorb, und dann nichts wie raus zum Amorpfad. Ach: die Liebste oder den Liebsten natürlich nicht vergessen! Der Weg der Liebe beginnt beim Traditionshotel Prinz-Luitpold-Bad und endet am Schleierwasserfall. Pfad, Hotel, Wasserfall – einfach alles romantisch. Für diesen Traumpfad wurde die alte Wanderstrecke »Vaterlandsweg« – patriotisch ist out – am Hang des Berges Iseler auf idyllisch getrimmt: Schon am Anfang des Weges wird es romantisch, der Besucher durchschreitet ein mit Rosen umranktes Tor. Ein Schild lässt wissen: »Der mit Liebe in der Ausführung und fürs Detail gestaltete Weg lädt Sie ein, über die Vielfalt der Liebe nachzudenken. Partnerschaft, Freundschaft, Verliebtsein, Lust, Akzeptanz, Neid, Eifersucht, Schmerz, Verlust, Glück, Erfolg, Umwelt, Natur, Frieden … das alles kann Liebe sein und braucht Liebe. Liebe ist die Basis für Glück und Zufriedenheit.« So meint der Verkehrsverein Bad Oberdorf. Und Mutter Teresa: »Lächeln erzeugt Lächeln, genauso wie Liebe Liebe erzeugt.«

Niederlassen können sich die Turteltäubchen dann in einem verschwiegenen Pavillon mit wunderschöner Aussicht. Dazwischen Bäume und Bänke mit Liebeslebensweisheiten. Der Weg führt weiter durch einen von Weiden und Haselnusssträuchern überwölbten Tunnel. Die Haselnuss galt als Symbol der Fruchtbarkeit und der sexuellen Kraft. In China steht die Weide für den Frühling, sexuelles Verlangen und Freudenmädchen. Im Gefühlschaos spendet sie Trost, Ruhe und Klarheit. Überdies hat sie sich als Hexenbaum einen unheimlichen Ruf erworben, nicht zuletzt deshalb, weil die Besen der Hexen aus Weidenholz gefertigt sein sollen.

So, und nicht vergessen: das Taschenmesser herausholen und sich nach Art der Verliebten in einem der drei eingelassenen Baumstämme verewigen. Das Ende des Weges führt dann durch einen Tunnel zum wildromantischen Schleierwasserfall.

Adresse Hotel Prinz-Luitpold-Bad, Andreas-Gross-Straße 7, 87541 Bad Hindelang (Bad Oberdorf) | **Pkw** A 7 bis zur Ausfahrt »Bad Hindelang-Oberjoch« bei Oy-Mittelberg und ab da über die B 309/310 bis Bad Oberdorf, Pfad beginnt hinter dem Hotel, Gehdauer etwa 2 Stunden, Höhenunterschied: 130 Meter, Schwierigkeitsgrad: wie auf Wolken | **Tipp** Nach dem Liebespfad im Restaurant des Hotels Prinz-Luitpold-Bad einkehren; bei schönem Wetter traumhafte Aussicht von der Terrasse.

8 Die Obere Mühle

Kunst und Krempel, Käse und Kulinarisches

Heute haben Aldi und Lidl eine Hausmarke. In früheren Zeiten hatten Höfe eine. Eine Hausmarke war ein Eigentumszeichen beziehungsweise ein Sippenzeichen, das an einem Gebäude oder einem Gegenstand angebracht war. Wie auch bei einem Wappen konnte man die Hausmarke entsprechend einer bestimmten Familie zuordnen. Bei der Oberen Mühle, die bis 1968 ein Sägewerk war, zeigt die Hausmarke »zwei Äugle gegeneinander zwischen zwei Bick grad«. Diese Art der Markierung geht auf römische Zahlen und die uralten Runenzeichen der Germanen zurück. Ab 1785 wurden die Hausmarken durch die Hausnummern ersetzt.

Was gehört nicht alles zum Gesamtkunstwerk »Obere Mühle«? Ein Gasthaus, ehemals eine Sägemühle, wo delikat und originell gekocht wird – weshalb sich hier schon die Fernsehköchin Sarah Wiener bei Kalbsbries mit in Butter geschwenkten Krebsen die Ehre gegeben hat. Neben dem Gasthaus gibt's fürs kleine Budget die Hauskäserei, wo ausschließlich täglich frisch gemolkene »Heulandmilch« aus der Region verarbeitet wird. Und nebenan das Heimatmuseum in der ehemaligen Scheune. Hier ist das ganze Allgäuer Leben von ehedem nachzuerleben, von der alten Wäscherei (mit frisch gereinigten Liebestötern) über die Verarbeitung des Flachs zum Leinen (einst war das Allgäu »blau« von all den Flachsfeldern) bis hin zur eigentlichen Bedeutung der Rute des Knecht Ruprecht (ursprünglich ein lebensspendendes Segenssymbol). Außerdem wird der interessierte Besucher über den Unterschied zwischen einer Gebirgs- und einer historischen Tracht aufgeklärt. Im Hotel stehen in allen Ecken und Winkeln, selbst in den Zimmern, Antiquitäten. Historisch ist auch die Stube des Gasthauses aus dem 17. Jahrhundert. Nebenan im Flohmarkt gibt's günstigen Krempel und manchmal auch Kunst zu kaufen. Insgesamt sollte man sich für dieses Gesamtkunstwerk viel Zeit nehmen, alleine schon fürs Schauen und Staunen.

Adresse Restaurant/Hotel Obere Mühle, Ostrachstraße 40, 87541 Bad Hindelang (Bad Oberdorf), Tel. 08324/2857, www.obere-muehle.de | **Pkw** A 7 bis zur Ausfahrt »Bad Hindelang-Oberjoch« und von dort über die B 309/310 bis Bad Oberdorf, südlich von Bad Oberdorf an der OA 28 | **Öffnungszeiten** Heimatmuseum und Flohmarkt: Mi–Mo 10–18 Uhr | **Tipp** Die beste Alpbutter und den leckersten Alpkäse weit und breit gibt es (außer im Hofladen) auf der Laufbichl-Alpe auf 1.500 Metern Höhe. 25 Minuten Fußmarsch sind es ab dem Hotel bis dorthin.

9 Das Erwin-Hymer-Museum

Camping, Caravaning, Caramba!

Warum bleibt der Mensch eigentlich nicht zu Hause in seiner warmen Höhle? Warum muss er alle naselang wieder aufbrechen, um den Duft anderer Länder zu schnuppern? Diesen Fragen widmen sich die Macher der »Welt der mobilen Reise«, die schon außen zeigt, was sie innen ausstellt: Wohnwagen. Denn das futuristische Museumsgebäude, das man in dieser Größe und Originalität hier im ländlichen Raum auf keinen Fall vermutet hätte, ist in Form eines Wohnwagenfensters gestaltet. Alles fing mit einem Artisten namens Arist Dethleffs an. Der war, wie das bei Künstlern oft so ist, sehr viel unterwegs. Seine Verlobte Fridel Edelmann, eine Landschaftsmalerin, war sehr traurig über die häufigen Trennungen. Sie schrieb ihrem Liebsten im Jahr 1931, von was sie träumte: »So etwas Ähnliches wie ein Zigeuner-Wagen, in dem wir zusammen fahren und ich malen könnte, das wäre das Richtige für uns.« Arist tat wie ihm geschrieben: Er baute den ersten Wohnwagen.

Wie weiland Goethe packte nach dem Zweiten Weltkrieg die Deutschen die Italiensehnsucht. Kehre um Kehre ging es über Passstraßen hinauf, und ebenso windet sich auch der Museumsparcours Kehre um Kehre nach oben. Die erste der vier Stationen widmet sich entsprechend einer Reise in den Süden. Die Kunst, Spaghetti zu essen, sorry, zu trinken, um solche Themen dreht es sich hier. Dann geht's weiter auf dem Hippie-Trail, gefolgt von der Nordamerika-Route und zum Schluss den skandinavischen Ländern.

Die Sammlung der Erwin-Hymer-Stiftung umfasst aktuell circa 250 Fahrzeuge (Reisemobile, Wohnwagen, Pkw und Zweiräder) verschiedener Baujahre und Hersteller. Das älteste Exponat ist ein historischer Schäferkarren aus dem Jahre 1850, das jüngste eine Reisemobilstudie aus dem Jahre 2008. Neben vielen serienmäßig hergestellten Fahrzeugen enthält die Sammlung auch zahlreiche Eigenbauten, die vor allem in der ehemaligen DDR weit verbreitet waren.

Adresse Robert-Bosch-Straße 7, 88339 Bad Waldsee, Tel. 07524/97667600, www.erwin-hymer-museum.de | Pkw auf der B 465 über Bad Wurzach nach Bad Waldsee, nach dem Ortsschild Bad Waldsee und vor dem Bahnübergang rechts abbiegen Richtung Ulm/Mühlhausen | ÖPNV Bad Waldsee Bahnhof, dann mit dem City-Bus 4, Haltestelle Hymer | Öffnungszeiten Fr–Mi 10–18, Do 10–21 Uhr | Tipp Ein Rundgang durch das romantische Bad Waldsee, gelegen zwischen Wasserschloss und Stadtsee, lohnt!

10 Der Allgäuer Hof

Katherine was here

»Ihre meisterhaften, sorgfältig strukturierten Short Stories, die mit großer Einfühlungskraft, zum Teil aber auch mit bitterer Schärfe anhand von Augenblicksimpressionen Einblicke in das alltägliche Leben unter anderem des wilhelminischen Deutschland vermitteln, sind stark von persönlichen schicksalshaften Erlebnissen bestimmt«, heißt es in der Brockhaus Enzyklopädie: Die neuseeländisch-britische Schriftstellerin Katherine Mansfield, die die meiste Zeit in Europa lebte und nur 34 Jahre alt wurde, sollte auf Wunsch ihrer Mutter in einem bayerischen Kloster unauffällig entbinden. Mansfield aber reiste nach Bad Wörishofen, wo sie beim Kofferhochheben eine Fehlgeburt erlitt.

Sie wohnte damals im »Allgäuer Hof«. Mansfield brachte das hiesige Kurleben und die diversen Konversationen zu Tisch auf den Punkt. Szenen aus ihrem Buch »In a German Pension«: »Ich liebe Wälder«, sagte die fortschrittliche Dame und lächelte gequält in die Luft. »In einem Wald scheint sich mein Haar zu regen und sich gleichsam seinen wilden Ursprung zu erinnern. [...] Haben auch Sie die fühlende Seele der Natur entdeckt?«, fragte sie. Das war für Herr Langen das Stichwort. »Die Natur fühlt nicht«, sagte er bitter und ohne zu zögern, wie Leute, die zu viel philosophieren und zu wenig essen: »Sie erschafft, um zu zerstören. Sie frisst, um auszuspeien, und sie speit aus, um zu fressen. Deshalb empfinden wir, die wir unter ihren trampelnden Füßen existieren müssen, die Welt als verrückt und erkennen die grausame Vulgarität in allem Werden.« Und die Besitzerin einer Wörishofener Pension äußerte: »Wir sind eine so glückliche Familie, seit mein lieber Mann gestorben ist.«

Das Hotel Allgäuer Hof wurde 2006 abgerissen, es sollte ein neues Hotel errichtet werden. Wurde es aber bis heute nicht. Noch immer ist grüne Wiese, wo früher ein apartes Hotel stand. Am Haus befand sich eine Gedenktafel, die bis heute eingelagert ist. Wo genau, ist nicht herauszubekommen.

Adresse Wiese an der Türkheimer Straße 2, 86825 Bad Wörishofen | **Pkw** A 96 bis zur Ausfahrt Bad Wörishofen, an der Kreuzung Hauptstraße/Bahnhofstraße in die Türkheimerstraße | **Tipp** Prominente Besucher des Hotels Sonnenhof sind nicht bekannt, und auch König Ludwig, nach dem die Lounge des Hauses benannt ist, hat sich nie dort blicken lassen. Aber ein Wellnesstraum ist das Haus allemal. Nettes Personal, stimmungsvolle Bar und ein empfehlenswertes Restaurant.

11 Der Barfußpark

Der direkte Weg ist der Umweg

Ach, wer ging nicht schon alles barfuß: Der große Sebastian Kneipp hat es sowieso empfohlen. Vor ihm frönten der heilige Franziskus und diverse Ordensgemeinschaften dem schuhlosen Gehen. Vielleicht beriefen sie sich auf Jesus, der seine Jünger aufforderte, sich ohne ihre Schuhe auf Mission zu begeben. Mahatma Gandhi ging ebenfalls »baren Fußes«, also ohne Schuhe und Strümpfe. Sicher ist: Wer barfuß geht, schreitet im Trend! Von den vielen neu geschaffenen Barfußwegen ist der von Bad Wörishofen wohl einer der schönsten.

Im Boden eingelassene Fußsohlen markieren die Strecke, die über 20 Stationen verläuft, über Materialien wie Natursteine, Fichtenzapfen (uh, das sticht!), Kies, Sand, Matsch, Holz und Rinde. Man balanciert über Steine, geht über gepflegten Rasen, liest lehrreiche Tafeln. Plaudert mit den Vögeln in der Voliere, hängt am Sandstrand in der Hängematte unter einer Palme ab, ignoriert den Teepavillon, riecht die Düfte im Heilkräuter- und Duftgarten. Man genießt, was ungemein gesund ist. Von der Ferse über die Ballen zu den Zehen sollte man abrollen, und dann fangen – wow – 70.000 Nervenbahnen an zu kribbeln. 70.000! Eine komplette, perfekte Fußreflexzonenmassage, und das für null Euro. Das Barfußgehen schont darüber hinaus die Gelenke, kräftigt das Fußgewölbe, stärkt das Immunsystem und hilft gegen Plattfüße und Krampfadern.

Am Ende der Runde geht man ins Labyrinth, das dem von Chartres nachempfunden ist. Es ist wohlgemerkt ein Labyrinth und kein Irrgarten. Im Labyrinth folgt man dem weitmöglichsten Weg zwischen außen und innen und innen und außen. C. G. Jung soll einmal gesagt haben: »Der direkte Weg ist der Umweg.« Und ganz zum Schluss watet man durch einen künstlichen Wasserlauf. Ach, übrigens: Ungerecht ist die Welt. Für einen Chinesen ist der Barfußweg 4.330 Fuß lang, während ein Bayer für die gleiche Strecke 5.308 Fuß laufen muss.

Adresse Gäste-Information im Kurhaus, Hauptstraße 16, 86825 Bad Wörishofen, Tel. 08247/993355 | **Pkw** A 96, Ausfahrt Bad Wörishofen, auf dem Parkplatz an der Mindelheimer Straße am westlichen Ortseingang parken, im Kurpark im Bereich der Kräuter- und Duftgärten Zugang zum Barfußpfad. In Richtung der Bodenmarkierungen folgt man ihm ein kurzes Stück bis zum Ausgangspunkt an der Kneippanlage. | **Tipp** Das Kneipp-Museum im Kloster der Dominikanerinnen, Klosterhof 1, lohnt einen Besuch.

12 Der Flugplatz Bahle-Schmid

Kaffee und Kuchen bei Tante Anna

Nicht wenige kommen zum 40 Jahre alten idyllischen Grasflugplatz wegen der selbst gemachten Apfelkuchen und Zwetschgendatschi, deren Ruf bis weit über die Grenzen der Kneippstadt hinaus vorgedrungen ist. Auf der kleinen Terrasse sitzen, den Fliegern nachschauen und von der grenzenlosen Freiheit träumen, die dort oben über den Wolken herrscht – hier lässt sich unter alten Bäumen herrlich ein lässig-fauler Nachmittag verbringen. Bei schönem Wetter mit grandiosem Ausblick auf die bayerischen Alpen!

Auf der Graslandebahn – zehn Zentimeter Humus, darunter 20 Meter Kies – fließt das Wasser schnell ab, und so können die diversen Leichtflugzeuge auch bei schlechtem Wetter landen und abheben.

Am Wochenende sind es an die 150 bis 200 Starts und Landungen, die man beobachten kann, darunter sind Klassiker wie Cessna, Peing, Bölkow und als Star die »Tante Anna«, auch »Anouschka« oder »Antonow 2« genannt. Dieser größte Doppeldecker der Welt wurde 1958 in Russland gebaut und flog in den 1960er Jahren für die ostdeutsche Lufthansa, für die er zum »Luxus-Passagierflieger« umgebaut wurde: Er bekam große Panoramascheiben und eine edle Lederbestuhlung. Außerdem diente er als Schulungs- und Forschungsflugzeug und wurde im südlichen Afrika für Safari-Flüge eingesetzt, bis er 2004 von Namibia nach Bayern flog.

Wenn im Sommer Tante Anna zum Mitfliegen einlädt, können neun Leute mit ihr abheben, einer davon neben dem Piloten. Bayerische Traumlandschaften von oben: das Fünfseenland mit Ammersee, Starnberger See, Wörthsee, Wesslinger See und Pilsensee, Kloster Andechs, Schloss Neuschwanstein und Schloss Hohenschwangau. Tante Anna vermittelt viel nostalgisches Fluggefühl: Wenn der riesige Sternmotor donnert und die Bremsen gelöst werden, sind es nur wenige hundert Meter, bis sich die an die 5,5 Tonnen schwere Tante leicht in den Himmel hebt.

Adresse Flugplatz Bahle-Schmid, Unteres Hart 12, 86825 Bad Wörishofen, Tel. 08247/5220 | **Pkw** A 96, Ausfahrt Bad Wörishofen, Kreisverkehr rechts ab Richtung Therme, die nächste links, noch mal links über den Bahnübergang | **ÖPNV** Das Wörishofer Kurbähnle hält mehrmals am Nachmittag direkt am Flugplatz, Fahrzeit 30 Minuten. | **Tipp** Im Skyline Park bei Bad Wörishofen geht's auch in die Luft, unter anderem mit der höchsten Überkopf-Achterbahn der Welt.

13 Das Kurhaus

Der alte Häuptling der Kneippianer

Keine schlechte Idee, die Konrad Saal, ehemals Leiter der Oberammergauer Schnitzschule, da hatte, als er Pfarrer Kneipp als Indianer schnitzte. Irgendwie gehören Kneipp und Indianer zusammen. Schaut man im Internet, findet man den Kneipp-Verein, der einen Ausflug unter dem Motto »Indianer auf Spurensuche« anbietet, woanders können Kinder während der Ferienspieltage als »Kneipp-Indianer« die Natur erkunden. Und die Eröffnungsveranstaltung anlässlich 20 Jahre Kneipp-Verein lautet: »Warum kennen die Indianer keine Rückenschmerzen?« Aufgestellt wurde das Kunstobjekt im Rahmen des vierten Bad Wörishofer Kunstfrühlings 1997, der alle zwei Jahre die Kurpromenade in Bad Wörishofen in eine Kunstausstellung unter freiem Himmel verwandelt.

Das kneippsche Prinzip besteht aus fünf Säulen, Säule eins bilden Wasseranwendungen wie das kleine Armbad im Wintergarten. Durch die Kaltwasseranwendung werden im Körper Stresshormone freigesetzt, der Kreislauf und die Atmung aktiviert. Wird der Körper regelmäßig diesem Stress ausgesetzt, reagiert er nicht mehr so heftig auf diesen, und auch die Seele bleibt bei Ärger gelassener. Nach Säulen zwei und drei, Bewegung und Ernährung, stehen die Heilpflanzen für Säule vier. Und so ist der Wintergarten ein Symbol für die Wirksamkeit von Heilpflanzen. Denn wie meinte der alte Häuptling der Kneippianer: »Die Natur ist die beste Apotheke.« Die Hälfte aller weltweit zugelassenen Medikamente ist pflanzlichen Ursprungs. Kneipp empfahl schon damals die Anwendung von Heilkräutern, innerlich in Form von Tee oder Saft, äußerlich in Form von Salben, Ölen, Einreibungen oder Zusätzen für Wickeln und Bädern.

Der Wintergarten, an sich unspektakulär, steht in seiner Gesamtheit für die fünfte kneippsche Säule: die Ordnungstherapie. Sie dreht sich um das richtige Maß. – Und genau dieses ist diese versteckte Oase: nach dem richtigen Maß gestaltet. Kneipp sagte: »Mich leitet ja kein irdisches Interesse, nur das Mitleid mit meinen Mitmenschen.«

Adresse Hauptstraße 16, 86825 Bad Wörishofen, Tel. 08247/993355 | Pkw A 96 zur Ausfahrt Bad Wörishofen, Parken in der Tiefgarage des Kurhauses, Eingang Kathreinerstraße | Öffnungszeiten Mo–Sa 9–21 Uhr, So und feiertags 9–21 Uhr | Tipp Gar nicht versteckt, sondern mitten in Bad Wörishofen ist die Therme, ein Tropentraum mit exotischen Palmen und einem großen Cabrio-Dach.

14 Das Barocktreppenhaus

Ohne Fleiß kein Preis

Nix Genaues weiß man nicht. Kaukasier, zentralasiatische Hunnen, Zugroaste aus Mecklenburg-Vorpommern, Elbgermanen, Alemannen, Römer. Alle möglichen Außerbayerischen kommen als Vorfahren der Bayern, die im Frühmittelalter plötzlich als Stamm auftauchten, in Frage. Doch der eine, der das »Mir san mir«-Selbstbewusstsein des starken Stammes der Bajuwaren erklären würde, dieser eine war es nicht, wie man heute mit Sicherheit weiß – auch wenn Geschichtserklärer ihn einst für den Urvater der Bajuwaren hielten: Herkules.

Doch im Bad Wurzacher Schloss wacht er bis heute oben im Treppenhaus über den olympischen Götterhimmel der Bayern. Er ist der Muskelprotz mit der Keule in der Hand am unteren Rand des Gemäldes, in der Kutsche mit den zwei Schimmeln stehend. Der Herr im blauen Umhang in der Mitte des Bildes ist Zeus, der Göttervater und Chef im Olymp. Gütig blickt er auf sein Wappentier, den Adler neben ihm. Um die beiden herum sitzt der Hofstaat; die Dame in Grün mit dem Helm ist Athene, zuständig für kluge Kriegsführung und die Künste. Über ihr, auf ein blaues Tuch gelagert, eine halb nackte, vollschlanke Dame, Aphrodite, die Göttin der Liebe. Rechts neben ihr in rot-grüner Oben-ohne-Gewandung die Göttin der Jugend, die sich Herkules als Frau schnappen wird. Weiter geht's mit Göttermutter Hera, erkennbar an ihrem Pfau. Artemis daneben trägt wie üblich ihren Bogen für die Jagd mit sich rum, der kräftige Herr hinten mit dem Amboss ist Hephaistos, der Götterschmied, daneben seine Gesellen. Zwischen Schmied und Pferdeköpfen schüttet Amalthea aus einem Füllhorn Blumen und Früchte auf die Erde. Was sagt uns das Ganze? »Nil sine magno labore vita dedit mortalibus.« (»Das Leben gibt den Menschen nichts ohne große Mühen.« – Auch nicht das Anschauen des Götterhimmels weit oben!) Dieser kluge Spruch von Horaz ist im oberen Stockwerk neben einer Tür zu lesen.

Adresse Stiftung Kulturdenkmal Schloss Wurzach, Marktstraße 9, 88410 Bad Wurzach, Tel. 07542/101287, www.schloss-badwurzach.de | **Pkw** von Leutkirch auf der B 465 Richtung Norden, Bad Wurzach, über die Ravensburger und Herrenstraße zum Schloss | **Öffnungszeiten** täglich 8–18 Uhr | **Tipp** Wer im Mittelalter Lepra hatte – das einst von den Kreuzrittern eingeschleppt wurde –, musste draußen vor der Stadt wohnen. Das Bad Wurzacher Leprosenhaus kann von April bis Ende Oktober Samstag, Sonntag und feiertags von 14 bis 17 Uhr besichtigt werden.

15 Die Eibe

Eine hochbetagte Dame

Für ihr Alter hat sich die Dame gut gehalten! Dabei gehört die Eibe von Balderschwang zu den ältesten ihrer Gattung, vielleicht ist sie sogar der älteste Baum Deutschlands oder Europas. Wie alt sie denn nun wirklich ist, will sie nicht verraten. Die einen schätzen sie auf 600 bis 1.000 Jahre, andere sogar auf 2.000 bis 4.000 Lenze. Aber wie das so ist mit Bäumen, ihre Ringe und Jahre kann man erst zählen, wenn sie tot sind. Doch noch lebt die alte Eibe. Was hat sie nicht alles überstanden? Alle möglichen Klimaperioden, und selbst ihrem schlimmsten Feind, dem Menschen, hat sie erstaunlicherweise getrotzt. Wurden doch Eiben gerne abgeholzt. Schon Ötzi führte einen Bogenstab aus Eibenholz mit sich. Jahrhundertelang war das Holz des immergrünen Baumes so begehrt, dass er fast ausgerottet wurde. Heute steht die Eibe auf der Liste der zu schützenden Arten.

Das Balderschwanger Exemplar, fein säuberlich von einem Jägerzaun umrahmt, sieht aus, als ob es aus zwei Bäumen bestehen würde, es ist tatsächlich aber ein einziger: Zwei Jahre wurde der Baum genauestens beobachtet. Beide Stämme trieben zur gleichen Zeit aus, beide Stämme sind gleich hoch, die Nadeln sind identisch, und auch die Stellungen der Zweige gleichen einander wie ein Ei dem anderen.

Ob nun die Balderschwanger Eibe oder irgendein südlicher Olivenbaum der älteste Baum Europas ist, mag dahingestellt sein. Sicher ist: Seit alters her zählt die Eibe zu den geheimnisvollsten Baumarten. Ihr wurden magische Kräfte zugeschrieben, für die Kelten war sie ein heiliger Baum. Keine Eibe gleicht der anderen, keine Baumart verträgt so viel Schatten. Zudem ist sie der einzige giftige Baum, nicht nur für Pferde, auch für Menschen. Einzig nicht giftig ist die attraktive fleischige rote Frucht mit ihrem schwarzen Kern. Ehre, wem Ehre gebührt: Die Eibe wurde zur Giftpflanze des Jahres 2011 gekürt.

Adresse Hausnummer 41/3, 87538 Balderschwang | **Pkw** Ulm-Kempten, Autobahnkreuz Allgäu, Richtung Waltenhofen/Oberstdorf, in Fischen an der 2. Ampel rechts ab, OA 9 über den Riedbergpass nach Balderschwang, circa 1 Kilometer nördlich vom Ortszentrum von Balderschwang der roten Beschilderung »2.000-jährige Eibe« folgen und beim Bauernhof parken, etwa 15 Minuten zu Fuß hangaufwärts | **Tipp** Am Anfang des Wegs wird im Keller des Ferienhofs Steurer Käse vom Allerallerfeinsten verkauft, besonders der würzige Bergkäse ist ein Traum.

16 Das buddhistische Waldkloster

Selber schauen

Das hier wäre ein buddhistischer Betrieb, war zu hören über das Kloster. Wobei wohl gemeint war, dass man in dieser buddhistischen Stätte eben nicht das Betriebsame im Betrieb bräuchte. Kann, muss aber nicht. Beim Besuch des Klosters meinte dann einer der Mönche freundlich, man solle sich ruhig umschauen. Drei buddhistische Mönche leben hier und eine kleine Gruppe von nicht ordinierten Frauen und Männern, die als Mittler zwischen dem Kloster und der Welt da draußen stehen. Möglich ist auch ein Kloster-auf-Zeit-Aufenthalt, vorausgesetzt, man hat schon Meditationserfahrung und man fügt sich in die Klostergemeinschaft ein.

Im Sommer 2013 war ein großer Tag für das 1997 von der buddhistischen Nonne und Meditationsmeisterin Ayya Khema gegründete Kloster. Die Pagode, die Stupa, wurde eingeweiht. Erbaut an einem zuvor ausgependelten Kraftplatz, achteckig in der Form, den achtfachen Pfad symbolisierend, drei Etagen hoch, wobei das Fundament für die Tugend, der mittlere Teil für die Meditation und die Spitze für die Weisheit steht. Und dort oben befindet sich auch die Reliquie des Buddha, für deren Aufbewahrung eine Stupa, also eine Pagode, ursprünglich gedacht war.

Stündlich wechselnd können hier Männer oder Frauen meditieren, auch Außenstehende. In das Fundament sind 300 Buddhastatuen mit Segenswünschen eingemauert. Reliquien, Heiligenfiguren, Räucherwerk, Ruhe und Einkehr, Mönche – kennt man das alles nicht auch aus der katholischen Welt? Nochmals zur Frage, ob man dieses Kloster hier überhaupt erwähnen darf: Wie hat doch Buddha einst gesagt: »Komm und sieh selbst!« Mit dem Versprechen: »Die aber dort einen Kranz, eine Blume oder Räucherwerk niederlegen, oder einen Gruß darbringen, oder das Herz heiter zuwenden, denen wird das langehin zur Freude, zum Wohl gereichen.«

Adresse Hochberg 19, 87474 Buchenberg | Pkw bei Kempten auf St 2055 / Lindauer Straße, im Kreisverkehr nach Buchenberg, 2. Ausfahrt rechts Kenels, links Freitags, rechts Richtung Hochberg | Tipp Kurse wie Meditation und Achtsamkeit oder »Frei sein – wenn nicht jetzt, wann dann?« kann man im Meditations- und Studienzentrum e. V. in Uttenbühl belegen.

17 Der Wasserschmeckerweg

Verwerfungen, Wasseradern, Wasserläufe

Wünschelrutengeher, im Allgäu »Wasserschmecker« genannt, finden Wasseradern, Verwerfungen oder Gittersysteme unter der Erdoberfläche. Wasseradern sind unterirdische Wasserläufe, die ebenso wie oberirdische mal in die eine Richtung, mal in die andere Richtung fließen können. Und je nach Jahreszeit mal mehr oder mal weniger Wasser führen. Radiästhesie nennt man diese Fähigkeit der Rutengeher, die übersetzt »Strahlenempfindlichkeit« bedeutet und die nicht jeder ernst nimmt.

Für die Bauern war sie aber von großer Bedeutung. Es ging darum, Wasser für Brunnen zu finden. Interessant war dabei ebenso, in welcher Tiefe, mit welcher Menge Wasser und welcher Qualität die Wasserader im Boden verlief. Auch für Privatleute sind die Wasserschmecker wichtig – sofern sie an die belastende Wirkung des Strahlenfelds auf den Menschen durch eine Wasserader glauben …

Der zwei Kilometer lange Wasserschmecker-Rundweg in Buchenberg verläuft vorbei an Wasseradern, Verwerfungen und Gitterkreuzungen und diversen Lehrtafeln. Er führt aber auch an Plätzen vorbei, wo selbst suchen angesagt ist. Wer tiefer ins Thema einsteigen möchte, der kann an einem geführten Rundgang mit einem versierten Fachmann teilnehmen.

Perfektionisten und eingefleischte Wünschelrutengänger suchen mit Hilfe der Astgabelung einer Weide oder Haselnuss, den linken, etwas kürzeren Teil gerade auf die innere Handfläche gestellt, der rechte Teil wird etwas gebogen in der rechten, geschlossenen Hand gehalten. Neueinsteiger in Sachen Wasserschmecken gehen zur Tourist-Info und besorgen sich eine Plastikwünschelrute. Die ist bei Weitem nicht so schick wie die hölzerne, aber bitte, für Anfänger ist sie geeignet.

Ein Trost für alle, deren Wünschelrute einfach nicht ausschlägt: Die Kunst des Wünschelrutengehens bleibt manchen Menschen für immer verschlossen.

Adresse Info: Tourist-Info Buchenberg, Rathaussteige 2, 87474 Buchenberg, Tel. 08378/920222 | **Pkw** A 96, Ausfahrt Jengen/Kaufbeuren, St 2055/Lindauer Straße, zu Fuß ab dem kleinen Parkplatz an der Eschacher Straße (am Ortsende von Buchenberg) | **Öffnungszeiten** Es gibt geführte Rundgänge, zu buchen bei der Tourist-Info | **Tipp** Vom 1.000 Meter hoch gelegenen Eschacher Weiher blickt man ganz wunderbar auf die Berge. Im Badeparadies darf man in einem abgegrenzten Bereich wie Adam und Eva baden.

18 Der Eichhörnchen-Wald

Misslaunige und streitsüchtige Gesellen

Mitnichten ist das hier ein Wildpark. Das ist der Wald, in dem die Eichhörnchen wohnen und sich hörnchenwohl fühlen. Sie haben sich an die Menschen gewöhnt. Die Zutraulichsten unter ihnen nehmen die Nüsschen aus der Hand, knabbern sie weg und greifen sich das nächste. Am besten kommt man vormittags, da sind die putzigen Tierchen noch hungrig. Aber auch Eichelhäher und Tannenhäher freuen sich über mitgebrachte Nüsse.

Wer die Eichhörnchen nun niedlich und putzig findet, der lese hier auf gar keinen Fall weiter, auf GAR KEINEN FALL. Denn laut übler Nachrede und Zeitungsschreibe sind die Puschelviecher »misslaunige Vielfraße voller Flöhe, sie sind Einzelgänger, die sich nur zwecks Vermehrung und bei Kälte zusammentun«, sie klauen den Singvögeln die Eier aus den Nestern, sie meucheln Jungvögel und Kleintiere. Kurzum: Sie sind arge Unsympathen. Außerdem stehen sie, da sie rot oder schwarz sind und mit ihren buschigen Schwänzen schnell hin und her huschen, laut christlichem Aberglauben für das Teuflische an sich.

Ihre amerikanische Verwandtschaft ist aber noch schlimmer: Sollte ein graues Eichhörnchen plötzlich daherspringen, dann ist Gefahr im Verzug: denn diese aggressiven, robusten, doppelt so schweren Einwanderer haben schon in Großbritannien die einheimischen roten Hörnchen verdrängt. Das amerikanische Eichhörnchen ist nicht nur sehr sportlich, sondern fühlt sich in städtischen Grünanlagen ebenso wohl wie in Mischwäldern. Es hat nur einen natürlichen Feind: die Feinschmecker aus Kentucky, die gern Burgoog, also Eichhörnchenhirn mit Rührei oder Bratensoße, essen … Von Elvis Presley wird berichtet, dass er in jungen Jahren den kargen Speiseplan mit der Eichhörnchenjagd aufbesserte.

Übrigens: Die Eichhörnchen, zumindest die europäischen, sollen nur guten Menschen direkt aus der Hand fressen, zu schlechten halten sie einen gehörigen Abstand …

Adresse Am Eingang zum Weidachnaturpark, 87538 Fischen | **Pkw** über B 19, ab Fischen/Kurhaus oder auch vom Bahnhof Fischen zu Fuß dem Wegweiser »Minigolf« folgen; nach dem Kiosk am Minigolfplatz geht es den nächsten Weg links in den Wald hinein | **Tipp** Ein Besuch des Eichhörnchenwalds lässt sich an Sommertagen mit einem Besuch der Eis-Oase in der Hauptstraße 1 verbinden. Hier gibt es supergutes Eis im Straßenverkauf.

19 Der Fossilienweg

Wandern auf dem Meeresgrund

Vor etwa 300 Millionen Jahren waren die fünf Kontinente Europa, Asien, Nord- und Südamerika, Afrika und Australien noch nicht voneinander getrennt. Sie waren eine miteinander verbundene, zusammenhängende Landmasse. Geologen nennen diesen riesigen »Superkontinent« Pangäa.

Dann brach vor etwa 200 bis 100 Millionen Jahren Pangäa in mehrere Platten auseinander, und die afrikanische und die europäische Platte begannen »auseinanderzudriften«. Dabei entstand zwischen Afrika und Europa ein großes Meer, das sogenannte »Tethys-Meer«.

Unzählige kleine Schnecken- und Muschelschalen befinden sich in dem Gestein, das vor circa 120 Millionen Jahren einmal am Grunde dieses flachen, warmen Meeres entstanden ist. Durch die Auffaltung der Alpen sind diese Steine angehoben worden und heute hoch in den Bergen zu finden. Und so sind viele von ihnen mit kleinen Fossilien geradezu übersät.

Die »Beslerrunde« führt auf das eigentümliche Gipfelplateau des Beslers, einer großen Kalksteinplatte. Ein Teilstück dieses Wanderwegs ist der leicht zu begehende Wegeabschnitt zwischen Herzbergalpe und Schwarzenberg, der besonders für Kinder und Fossiliensammler spannend ist. Schwindelfreie können dann über einen mit Seilen gesicherten Klettersteig auf den Gipfel gelangen.

Basilius Besler, nach dem der gesamte Weg offiziell benannt ist, war ein deutscher Apotheker, Botaniker und Verleger, der von 1561 bis 1629 in Nürnberg lebte und damals der Erste war, der Fossilien abbildete und beschrieb.

Ende des 18. Jahrhunderts nahm das Sammeln von Fossilien im Unterfränkischen solche Ausmaße an, dass sich die Regierung veranlasst sah, dies zu verbieten. Besonders Ärzte versuchten sich damals mit dem Ergattern der seltensten und größten Fossilien gegenseitig zu überbieten.

Adresse Beslerweg, 87538 Fischen (Info: Obermaiselstein Tourismus, Tel. 08326/277, www.obermaiselstein.de) | **Pkw** B 19 Richtung Oberstdorf, in Fischen rechts Richtung Grasgehren, am Parkplatz »Wannenkopfhütte« am Riedbergpass parken | **Tipp** In die Urzeit geht es auch in der Sturmannshöhle in Obermaiselstein mit 120 Millionen Jahre alten Gesteinsformationen wie Drachentor, Höhlenrachen und Höhlenkessel.

20 Der Zeppelinstein

Bruchlandung im Baum

Es war ja damals anno 1906 nicht so, dass man mal eben den Flieger nach Fuerteventura bestieg. Fliegen war damals noch ein richtig dickes Ding. Mit dem Zeppelin, genauer mit dem LZ 2, dem zweiten Luftschiff des Grafen Zeppelin. Und mit dem startete er am Nachmittag des 17. Januar zu einem Probeflug über den Bodensee. Zunächst verlief der Flug nach Plan, bis ein starker Wind aufkam und das Luftschiff auf den Weg nach irgendwo schickte. Verzweifelt versuchten die Luftschiffer, eine Landestelle zu finden, die sie schließlich in Fischreute sichteten. Doch der Anker wollte in dem hart gefrorenen Boden nicht greifen. Stattdessen verfing sich das Heck des Schiffes in einem frei stehenden Baum. Der Flug war zu Ende. Die Mannschaft Gott sei Dank unverletzt.

Da in der Region nicht sonderlich viel passierte, sprach sich die Havarie schnell herum. Von allen Seiten eilten die Neugierigen herbei, selbst Fürstin Julie von Waldburg-Zeil-Wurzach gab sich die Ehre. Zunächst sah der Schaden nicht so schlimm aus, doch in der Nacht drehte der Wind, der Koloss neigte sich zur Seite, das Steuersystem wurde stark beschädigt, der Graf ließ die 128 Meter lange Luftzigarre demontieren. Was vom Grafenschiff übrig blieb, landete in örtlichen Vitrinen – bis heute wird in so manch einem örtlichen Haushalt ein Stück Zeppelingeschichte in Ehren gehalten. Selbst ein Bild, das auf original Zeppelin-Leinwand gemalt wurde, existiert noch.

An der Stelle der Landung wurde 1919 ein Stein aufgestellt, zum Gedenken an den »Bezwinger der Lüfte, Graf Zeppelin«. Und anlässlich des Gedächtnislaufs von Fischreute nach Friedrichshafen pflanzte man 100 Jahre später gegenüber dem Stein eine Gedächtnisbirke.

An vielen weiteren Stellen Deutschlands erinnern Gedenksteine an eine Überfahrt oder Notlandung des Zeppelins. Wie gesagt, Fliegen war damals etwas Besonderes.

Adresse Straße zum Segelfluggelände, 88353 Fischreute | Pkw A 96, K 8007 Richtung Halden/Fischreute. Der Zeppelinstein befindet sich bei Fischreute, nahe dem Segelfluggelände zwischen Bachmühle und Wallmusried, circa 4 Kilometer vor Kißlegg. | Tipp Ab dem Stolzensee beginnt der Rundweg über die Kißlegger Seenplatte (Beginn beim Bahnhof über die Bahnüberführung, dann nach rechts).

21 Das Alpenfilmtheater

Von der Holzklasse zum Digitalfilm

Es ist nicht selbstverständlich, dass dieses Kino noch besteht. Immerhin existiert es seit 1936. So manches im Haus, gebaut im Stil der Heimatschutzarchitektur, erinnert noch entfernt an diese Zeit. Weiterer Anklang an damals: das Rot im Schriftzug des Alpenfilmtheaters. 450 Menschen konnten einst, auf Holzstühlen sitzend, für einige Stunden der Realität des »Dritten Reichs« entfliehen. Es war die große Zeit des Kinos. Ab den 1950er Jahren bis in die 1980er Jahre gab es in Füssen sogar vier Kinos!

Mit dem Aufkommen des Fernsehers kam auch das Aus für viele der Lichtspielhäuser, wie sie damals noch hießen. Doch die Besitzerin des Alpenfilmtheaters erkannte den Geist der Zeit, nicht nur einen Film zu zeigen, sondern mehrere gleichzeitig in einem Haus. Und schon bald wurde es immer wichtiger, dem Publikum immer das Neueste und Beste zu bieten, das es im technischen Bereich gab. – Das Alpenfilmtheater war eines der ersten 3-D-Kinos in Deutschland.

Was dieses Kino aber wirklich auszeichnet, ist die Auswahl der Filme. Es werden schon regelmäßig Klassiker wie das »Ludwig II.«-Epos von Visconti gezeigt – Helmut Berger als König Ludwig ist auch im Foyer des Kinos zu sehen. Aber meist werden die kleinen, feinen Filme präsentiert, die in den großen Kinos nie oder nur ganz kurz zu sehen sind.

Lars Doppler, der heutige Inhaber, kam in seinen 40ern selbst zum Film, als ihn, den Vater von drei Kindern, seine alte Lehrerin anrief. Sie überredete ihn, sich an einer Schauspielschule zu bewerben. Bei Absage könnte er das Thema »Jugendtraum« ad acta legen oder bei Zusage seinen Traum leben. Doppler bewarb sich an der München Film Akademie (MFA) – mit Erfolg. Inzwischen hat er schon in einem Kriegsdrama mitgespielt. Es ist eben nie zu spät, seinen Traum zu leben … Dopplers Lieblingsfilm: »Magnolien aus Stahl«.

Adresse Alpenfilmtheater Füssen, Augustenstraße 15, 87629 Füssen, Tel. 08362/921467, www.alpenfilmtheater.de | Pkw B 16 Richtung Füssen/Marktoberdorf, vom Prinzregentenplatz rechts abbiegen | Tipp Am nahen Bahnhof wurde eine Szene des Films »Gesprengte Ketten« gedreht.

22 Der Baumkronenweg

Auf dem Holzweg nach Tirol

Grandios! Die Aussicht auf die türkisblau schimmernden Wasserfluten des Lechtales, die Kieselbänke und die Gipfel des Auwaldes, über den man auf schwankenden Planken schreitet. Schon das spitzbogige Eingangsportal ist beeindruckend. 450 Meter lang ist der breite Weg, der auf 20 bis 25 Metern Höhe von der bayerischen Seite nach Tirol führt. Mit 1,80 Metern Breite ist er größtenteils auch barrierefrei.

Der Baumkronenweg gehört zum Walderlebniszentrum Ziegelwies, wo ein weiterer Baumweg nicht über, sondern unter den Bäumen auf Steinen, Holzspänen und Wasserlöchern verläuft. Durch verwunschene Hohlwege und über so manchen Kletterparcours, über Waldrutschen, Hängebrücken und auf Flöße. Man sollte im Tal der Sinne immer schön langsam gehen, nicht schlurfen, den Weg im Auge behalten.

Was sich zunächst nach Umweltbildung und Waldpädagogik anhört, macht eine Menge Spaß. Im rund 1,7 Kilometer langen Bergwaldpfad lässt sich zum Beispiel entdecken, wie weit Hirsch, Heuschrecke und Kollegen springen können. Es gibt vieles über die Schutzfunktionen des Bergwaldes oder über Bienen zu lernen. Auf dem Märchenpfad kann man mehr über Sagen verschiedener Länder erfahren. Aber was hat der Auwald mit Hochwasser zu tun? Tja, das könnte an den Flussbegradigungen liegen. Walderlebniszentrum-Kinder wissen da Bescheid, denn sie haben hautnah studieren können, wie langsam ein nicht begradigter Fluss fließt und wie vielen Tieren und Pflanzen er ein Zuhause bietet. Im Gegensatz zu begradigten Flüssen, die aufgrund des engen Flussbettes leicht über die Ufer treten, wodurch es zu verheerenden Überschwemmungen kommen kann. Auch andere grundlegende Fragen werden beantwortet. Was ist denn eigentlich ein Auwald? Und warum schützt gerade diese Pflanzengesellschaft am Rande von Wasserläufen nach der Schneeschmelze die Städte und Dörfer vor Überflutungen?

Adresse Walderlebniszentrum Ziegelwies, Tiroler Straße 10, 87629 Füssen, Tel. 08362/9387550 | **Pkw** B 17 südlich von Füssen Richtung Weißhaus, kurz nach Ortsende Füssen rechts großer Parkplatz | **ÖPNV** Anreise per Bahn nach Bahnhof Füssen, dann entweder halbstündiger Fußmarsch zum Walderlebniszentrum oder per Bus 74 Richtung Reutte und an der Haltestelle Ziegelwies aussteigen | **Öffnungszeiten** April–Okt. täglich 10–17 Uhr | **Tipp** Von stimmungsvoller Jenseitsmystik ist die Krypta des Klosters St. Mang.

23 Die Drehorte

Where Germany looks like Germany

2013 war es 50 Jahre her, dass der Film »Gesprengte Ketten« mit einem großen Staraufgebot und einheimischen Statisten im Allgäu gedreht wurde. Der heutige Klassiker und Kultfilm sollte eigentlich 1963 in Kalifornien gedreht werden. Doch dann entschied man sich für bayerische Drehorte, denn, so der Regisseur: »You know what Germany looks like? It looks like Germany!« Der Film, der auf einer wahren Begebenheit beruht, wurde in Pfronten (das Lager), am Forggensee (die Flucht von Charles Bronson) und in Füssen gedreht. Und hier sogar an gleich vier interessanten Drehorten: am Bahnhof (Entdeckung von »Big X« durch einen Gestapomann), in den Gassen der Altstadt (Kontrolle und Flucht von McDonald und Bartlett), am Mesnerhaus am sogenannten Kappenzipfel (Übergang Drehergasse / Franziskanergasse; Flucht und Verhaftung des Begleiters von »Big X«) und viertens an der Theresienbrücke. Das Pariser Café, in dem sich Flying Officer Louis hinter dem Tresen vor der Résistance versteckt, war in Wirklichkeit an der Brücke über den Lech an der Tiroler Straße / Schwangauer Straße aufgebaut. Im Hintergrund sieht man das Kloster St. Mang. Und in der Szene, in der Steve McQueen mit dem Motorrad in einen Zaun kracht, ist im Hintergrund Oberkirch bei Füssen zu sehen.

Der heutige Besitzer des Landhauses Alpina am Hopfensee in Füssen-Hopfen (früher Pergola) besitzt noch ein Gästebuch mit Widmungen der Darsteller Steve McQueen, James Coburn, Charles Bronson und anderen.

Die Schauspieler David McCallum, Lawrence Montaigne und Hans Reiser wohnten während der Dreharbeiten zusammen mit den Stuntmen im Hotel Hirsch, einem markanten Gebäude in der Innenstadt. Damals waren pro Tag bis zu 200 einheimische Statisten im Einsatz. Die 20 bis 30 Mark Aufwandsentschädigung, die sie bekamen, waren seinerzeit recht viel Geld. Übrigens, so sehr der Film wunderschöne Allgäuer Landschaft zeigt, eines fehlt: die Allgäuer Kühe.

Adresse Füssen Tourismus und Marketing, Kaiser-Maximilian-Platz 1, 87629 Füssen, Tel. 08362/93850 | Pkw B 16 Richtung Füssen/Marktoberdorf, links Richtung Reutte | Tipp Friseur Jacky Schmölz im gleichnamigen Salon in Pfronten-Weißbach hatte die Dreharbeiten von »Gesprengte Ketten« hautnah erlebt, zu seinem Vater kamen damals Charles Bronson und Steve McQueen zum Rasieren.

24 Das Grab des Domenico Quaglio

Tod auf der Baustelle

»Ich bin ganz weg vom Anblick der Berge«, rief Königin Marie, die Mutter von König Ludwig II., aus, als sie zum ersten Mal die Ruine von Schloss Hohenschwangau sah. Zwei Jahre wurde mit dem Eigentümer Adolph Sommer verhandelt, bis der die Ruine an die Monarchen verkaufte.

Beauftragt mit dem Wiederaufbau und der Ausmalung des Schlosses wurde Domenico Quaglio, was, wie sich herausstellen sollte, sein Todesurteil bedeutete. Nach seinen Entwürfen blieben die mittelalterlichen Teile des Gebäudes erhalten und wurden nur leicht an die englische Neugotik angepasst. 1837 war es so weit, die mittelalterliche Burgruine war nun ein malerisches Schloss.

Quaglio, 1787 in eine bekannte Malerfamilie geboren, deren bedeutendster Vertreter er wurde, stammte ursprünglich aus Laino am Luganersee im Tessin. Er war gelernter Kupferstecher und benutzte als einer der Ersten die neue Lithografie, um mittelalterliche Bauten in Druckgrafiken wiederzugeben. Überhaupt war die Architektur, vorzugweise die der Gotik, sein liebstes Motiv. Darüber hinaus schuf er etliche Ansichten mittelalterlicher Städte Deutschlands. Ein wichtiger Gemäldezyklus zeigt realitätsgenau Gebäude, Plätze und Straßen von München vor der tiefgreifenden Umgestaltung durch Ludwig I., welche der König selbst in Auftrag gab. Ein unschätzbares Zeugnis der Zeit, als München noch ein kleines Dorf war.

Der Bau von Schloss Hohenschwangau war für Quaglio, der noch nie eine Bauleitung in dieser Dimension zu betreuen hatte, einfach zu viel. Kurz vor Vollendung des Bauwerkes brach er auf der Baustelle zusammen und verstarb kurz darauf im Alter von 50 Jahren. Die Ausmalung der Räume wurde nach seinem Tod an Moritz von Schwind übergeben. Im Inneren der Kirche St. Sebastian findet man auch Totentanzbilder.

Adresse Alter Friedhof St. Sebastian, Klosterstraße, 87629 Füssen | Pkw B 16 Richtung Füssen / Marktoberdorf, links Richtung Reutte, Sebastianstraße, rechts ab | Tipp Unbedingt den berühmten Füssener Totentanz »Sagt Ja Sagt Nein, Getanzt Muess sein« im Füssener Barockkloster St. Mang anschauen!

25 Der Kalvarienberg

Das ewige Licht leuchtet

Der Kalvarienberg auf einem Hügel gegenüber der Altstadt ist einer der landschaftlich schönsten weit und breit. Er entstand im 19. Jahrhundert. Initiator war der damalige Stadtpfarrer Johann Baptist Graf (1802–1862). Als das nahe Schloss Hohenschwangau renoviert und neu gestaltet wurde, fanden viele Maler Arbeit im Schloss und später bei der Gestaltung der Kapellen mit Kreuzwegbildern im Stil der Nazarener.

Ludwigs Vater Maximilian hatte verfügt, dass auf dem Kalvarienberg ein ewiges Licht brennen sollte, das man auch in Hohenschwangau sehen konnte. Ein Brauch, den König Ludwig übernahm. Überliefert ist, dass er am Karfreitag 1886 kurz vor seinem Tod an den 14 Stationen gebetet hat.

Der damalige Pfarrer von Füssen hat den König seinerzeit bei seinem Besuch auf dem Kalvarienberg beobachtet und darüber berichtet: »Wie ich später von einem Diener des Königs erfahren konnte, hatte dieser am Spätnachmittag des Karfreitags sein Schloss Neuschwanstein verlassen. Am Fuße des Schlossberges angekommen, schlug er einen Wiesenpfad ein, der ihn bald – ohne dass er den Ort Füssen selbst betreten musste – an den Kalvarienberg, der etwas außerhalb gelegen ist, brachte. [...] Plötzlich, als ich zu einer nächsten Station kam, sah ich den König mit tiefster Andacht im Gebet versunken. Sofort blieb ich stehen, denn ich fühlte, dieser Mann besaß mehr Gläubigkeit als manche noch so eifrigen Kirchenbesucher. Bevor der Monarch sich von der Station wieder abwandte, erhob er sein Gesicht zum von Wolken verdeckten Himmel. Lange verharrte sein verzweifelter, von Traurigkeit und Schmerz gezeichneter Blick in der Richtung, in der er Gott zu suchen schien. Dann strich er sich mit der rechten Hand über das Gesicht, um seine Tränen zu verbergen.«

Der Pfarrer, der dies berichtet hatte, hielt wenige Wochen später die Trauerrede für den kurz darauf verstorbenen Monarchen.

Adresse Kirche Frau am Berg, Tiroler Straße, 87629 Füssen | **Pkw** B 16 Richtung Füssen/Marktoberdorf, links Richtung Reutte, über die Brücke und dann rechts, Parkmöglichkeiten gibt es beim Lechfall (100 Meter) oder unterhalb an der großen Lechbrücke (250 Meter); Wegbeginn bei der Nordseite der Frau-am-Berg-Kirche | **Tipp** Ein Naturschauspiel der besonderen Art bietet der Lechfall mit dem König-Maximilian-Steg.

26 Das Kurcafé

Sisis Torte

Wie schreibt da doch einer im Internet? Die Sisi-Torte im Kurcafé sei der Traum eines jeden Schokoholikers. Wie wahr. Aber nicht nur das: Sie ist auch eine Schönheit – wie die Kaiserin, nach der sie benannt ist und mit deren Bildnis (als Königin von Ungarn) sie geschmückt ist. Das Originalrezept geht auf das 19. Jahrhundert zurück, als der Vorfahre des jetzigen Inhabers des Cafés diesen Schokotraum für die legendäre Kaiserin schuf, denn Veilchen gehörten zu den Lieblingsspeisen der Monarchin. Sie schaute gerne im Kurcafé vorbei, als sie im Jahr 1895 ihren Cousin in Hohenschwangau besuchte. Außer ihr gaben sich hier noch andere Majestäten die Ehre, wie stolz auf einem mit Gold gerahmten Bild im Café zu lesen ist: Sisis Tochter Gisela, die in München lebte und nach der die Giselastraße benannt ist, die Prinzen Georg, Leopold und Conrad von Bayern sowie Königin Margarita von Italien.

Das Gerücht, dass Kaiserin Elisabeth magersüchtig gewesen sei, kann mit dieser Torte endgültig widerlegt werden. War sie nämlich in ihrer bayerischen Heimat – sie wurde in München geboren –, in die sie immer wieder gerne zurückkehrte, dann war die Kaiserin durchaus mit einem guten Appetit gesegnet.

Vor dem Kurcafé steht eine Statue des Prinzregenten Luitpold, der nach dem mysteriösen Tod von König Ludwig II. die Regentschaft übernahm, weil Ludwigs Bruder Otto geisteskrank war. Diesen Luitpold hielt die Kaiserin für den wahren Mörder König Ludwigs. Ihre abschätzige Meinung fasste sie 1887 in folgenden Versen zusammen: »Seht den heuchlerischen Alten! / Drückt ihn sein Gewissen nicht? / Thut so fromm die Hände falten, / Sauersüss ist sein Gesicht. / Seinen Neffen, seinen König, stieß er tückisch von dem Thron; / Doch dies ist ihm noch zu wenig, / Säh sich dort gern selber schon / Könnt ihr auch noch dies ertragen, Bayerns Volk, dann seid ihr's wert, / Dass, am Pranger angeschlagen, / Ihr in Ewigkeit entehrt!«

Adresse Kurcafé, Prinzregentenplatz 2–4, 87629 Füssen, Tel. 08362/930180, www.schlosskrone.de | **Pkw** B 16 Richtung Füssen/Marktoberdorf, Stadtzentrum Richtung Bahnhof | **Tipp** Ein herrliches Sisi-Zimmer gibt's im nahen Hotel Hirsch. Eher einfach, aber dennoch nett ist die Café-Bar-Sisi in der Füssener Reichenstraße 32.

27 Der Schwärzerweg

Auf Schmugglers Wegen

Hans Waibel hieß der letzte der Schmuggler, die mit schwarz gefärbtem Gesicht, daher auch der Name des Pfades, hier einen regen Schmuggel zwischen Bayern und Österreich betrieben. Ab und zu wurde er mal erwischt, ging dann für vier Wochen ins Gefängnis und anschließend weiter seinem lukrativen Gewerbe nach.

Über die Grenze befördert wurden Krimskrams wie kleine Parfumflaschen, »Faszinettle« genannt, Rinder und ihre Häute, Wild, Strohrum, Tiroler Feigenkaffee und Schokolade. Sogar Nähmaschinen wurden in den 1940er Jahren nach Tirol getragen.

Der Renner aber war Tabak. Dazu gibt es die Geschichte von den Frauen, die beim Bittgang am Pfingstmontag den Tabak bündelweise unter ihrem ausladenden Rock nach Füssen schmuggelten. Und es gab die Pfarrköchinnen, die den geschmuggelten Tabak kauften, allerdings nicht für sich selbst, sondern für den Herrn Pfarrer, an dessen Stelle sie dann diese »Sünde« beichten mussten. Selbst die Kutscher von König Ludwig II. verdienten sich nebenher ein Zubrot mit Schmuggel, wenn der König mal wieder mit seinem elektrisch beleuchteten Schlitten durch die nächtliche Gegend fuhr.

Vor allem zwischen den Weltkriegen, als die Not groß war, blühte der Schwarzhandel rund um Füssen, betrieben wurde er bis in die 1970er Jahre. In jüngerer Zeit gab es dann einen Schmuggel anderer Art: Illegale Einwanderer wurden eingeschleust. Ein Fall für Zoll und Polizei, die ihre Kontrollen verstärkten und dem Treiben so ein Ende setzten.

Relikte aus jenen Zeiten sind ein Grenzhäuschen, die Reste eines weiß-blauen Schlagbaums und ein Schild mit der Aufschrift »Landesgrenze«. Unterwegs bietet sich ein traumhafter Ausblick auf die grün-blauen Fluten des Lechs. Nach etwa eineinhalb Stunden Gehweg kommt man im österreichischen Vils an, wo 60 Meter über dem Vilstal die Burgruine Vilseeg emporragt.

Adresse Badecafé, Badseeweg 5, 87629 Füssen, Tel. 08362/9303930 | **Pkw** B 16 Richtung Füssen/Marktoberdorf, links Richtung Reutte, über die Brücke rechts, auf dem Parkplatz am Ortsende von Bad Faulenbach parken, zum Badecafé gehen, Stufen führen auf den Rücken des Schwarzenbergs, von dort Trampelpfad über den Sattel in Richtung Ländeweg, beim Abstieg weiter auf der Höhe bleiben, bis der Schwärzerweg in den Ländeweg mündet. Der Schmuggelpfad ist von halbalpinem Charakter! | **ÖPNV** Bahn nach Füssen, von dort mit dem Bus 71 nach Bad Faulenbach | **Tipp** Weiter westlich liegt der geheimnisumwitterte Alatsee, wegen seiner Farbe auch der »blutende See« genannt.

28 Die Via Claudia

Durch den See gehen

Nein, König Ludwig konnte von Neuschwanstein nicht auf den Forggensee blicken. Den gab es damals noch gar nicht. Das Areal wurde 1954 geflutet, um Energie zu gewinnen, und mit ihm das Dorf Forggen. Der See ist etwa 15 Quadratkilometer groß und somit flächenmäßig der größte Stausee Deutschlands und der fünftgrößte See Bayerns. Bei Hochwasser kann er mehrere Millionen Kubikmeter Wasser auffangen.

Zur Zeit der Römer war die Landschaft hier von einem dichten Straßennetz durchzogen. Damals führte die 570 Kilometer lange Via Augusta von Ostiglia am Po über die Alpen und weiter durch das Allgäu. Wein, Luxustextilien und Glas waren die wichtigsten Handelswaren. Mit ihnen wurden unter anderem auch Sprache und Schrift, Staatswesen, Religion, Recht, Kalender und Münzwesen von Süden nach Norden »transportiert«. Auf dem Grund des gefluteten Forggensees liegt nicht nur ein Dorf, sondern hier verläuft auch schnurgerade die ehemalige kaiserliche Staatsstraße. Sie kann in den Wintermonaten auf dem eindrucksvollen Straßendamm, dem Terrapieno stradale, der bei Schwangau oberirdisch verlief, begangen werden. Was die Römer bauten, war von hervorragender Qualität, und so kam man mit modernen Maschinen beim Bau der neuen Straße kaum in den Boden. Der Wirt von Schwarzenbach's Landhotel in Rieden erinnert sich, dass er in seiner Kindheit oft auf der Via Claudia im heutigen See gespielt hat und er seine Eltern fragte, was der feste Damm denn soll.

Das Original-Hotel wurde 1954 ebenfalls geflutet, doch wenn der See in den Wintermonaten abgelassen wird, ragen seine Mauern heraus. Das neue Hotel steht auf einer Anhöhe in Dietringen mit Blick auf den See. Auch in Lechbruck, dem einstigen bedeutenden Flößerdorf, gibt es einige Spuren der uralten Kaiserstraße, beispielsweise auf dem Campingplatz. Wer Glück hat, kann sogar auf der vormals aufgeschütteten Trasse der Römerstraße zelten.

Adresse beim Abwasserzweckverband Füssen, Ehrwanger Straße 15, 87629 Füssen | **Pkw** Das erste Mal taucht die Via Claudia am Lechfall (Ziegelwies/Grenze) auf der Waldseite auf. Im Forggensee findet man sie wieder als Verlängerung der Straße nach Ehrwang (Kläranlage neben der B16), wo sie als aufgeschütteter Damm und mit abgeholzten Alleebäumen direkt in den See führt. Bei niedrigem Wasserstand ist bei der Tiefentalbrücke eine kleine Steinbrücke im See zu erkennen, über die die Via Claudia mal geführt haben muss. Gummistiefel einpacken, im See ist es extrem schlammig. | **Tipp** »Schöner baden« nach Römerart sieht man im Römerbad in Schwangau, denn dort haben die Archäologen Reste von Fresken bergen und restaurieren können.

29 Die Mehlblockalpe

Muh muh muh macht die Allgäuer Kuh

Das glaubt man nicht: Da fährt man ab Kempten nur etwa 15 Kilometer in nordöstlicher Richtung, und schon taucht man ein in eine alpine, leicht mystische Landschaft, inmitten von Weiden und allerschönster Natur. Auf einer Alp, wie sie idyllischer nicht sein könnte.

Außen herum grasen die Rindviecher, und mittendrin waltet Wirtin Reni in der Küche, wo sie die Bestellungen entgegennimmt. Ruhig und geduldig, eine nach der anderen. Serviert wird die deftige Hausmannskost dann draußen – auf jeden Fall sollte man einen riesengroßen Hunger mitbringen!

Alles schmeckt gut, am allerbesten aber der Leberkäse mit Spiegelei und dunkler Sauce. Und bis das Essen kommt, kann sich der Besucher in die Allgäuer Kuhologie einarbeiten. Das, was so auf Allgäuer Wiesen rumsteht und rumliegt, sind nämlich streng genommen keine Kühe. Eine Kuh ist das weibliche Hausrind nach der Geburt seines ersten Kalbes. Allerdings handelt es sich dann noch um eine Jungkuh, bis das Kleine drei Monate alt ist. Gibt das Muttertier noch Milch, nachdem es seine Kleinen gesäugt hat, dann heißt es Milchkuh. Hat es aber keine Nachkommen, bezeichnet der Kenner das Tier als Kalbin oder Färse. Der Mann dazu heißt Stier, das ist der, der noch kann. Der, der nicht mehr kann, weil kastriert, heißt Ochse. Letzterer sieht ruhiger ins Leben und kann ohne die ewigen Aufregungen mit den Frauen langsamer wachsen und ein marmoriertes Fleisch bekommen, was zumindest den Menschen freut. Die kleinen Nachkommen heißen Kälble oder Kälber, pubertierende Kuhnachkommen werden nach den ersten zehn Wochen Schumpen oder Jungrinder genannt.

So, und nun zurück in den Biergarten, denn jetzt kommt der Leberkäse, das handbreithohe Käsebrot, das frisch gezapfte Bier. Wie war das noch mal mit den Kühen? Ach egal, wenn man Rind sagt, dann macht man nichts falsch. Denn alles, was MUH macht, ist ein Rind. Und oft spielt hier die Musik dazu.

Adresse Mehlblockalpe, 87657 Görisried | Pkw B 12 Richtung Kempten, OAL 3 Richtung Görisried, vom Ortskern auf der Betzigauer Straße bis circa 2,5 Kilometer nach dem Ortsende, dann rechts der Beschilderung zur Mehlblockalpe folgen | Öffnungszeiten Di–So, nur vom späten Frühjahr bis in den Herbst bewirtschaftet | Tipp Die 1881 erbaute Ölbergkapelle in Görisried ist mit einer exotischen Landschaft ausgemalt, in der keine Kühe, sondern Palmen stehen.

30 Die Prosektur im Kloster

Erlass betreffs Euthanasie

Der Direktor der Heil- und Pflegeanstalt Kaufbeuren / Irsee, der für die Tötung angeblich lebensunwerten Lebens zuständig war, sollte nach dem Krieg erklären: »Ich bin als Staatsbeamter dazu erzogen gewesen, den jeweiligen Anordnungen und Gesetzen unbedingt Folge zu leisten, also auch dem als Gesetz zu betrachtenden Erlass betreffs Euthanasie … Ich handelte stets in gutem Glauben nach den Geboten der Menschlichkeit und in der absoluten Überzeugung, pflichtgemäß in der Durchführung rechtlicher und gesetzlicher Voraussetzungen zu handeln.«

E-Kost – Entzugskost – hieß die fettarme Diät, mit der die Kranken zu Tode ernährt wurden. Ein Anstaltsgeistlicher von damals wusste zu berichten: »Die zynische Veranlagung der Verantwortlichen möchte ich zum Beispiel daran illustrieren, dass man den E-Köstlern, die monatelang kein Fleisch bekamen, ausgerechnet am Aschermittwoch und Karfreitag Fleisch verabreichen ließ.« Und eine Anstaltsschwester berichtete: »Mitte April wurde ich von dem Personalchef der Tiergartenstraße 4 in Berlin […] mit dem Auftrag an die Heil- und Pflegeanstalt Kaufbeuren versetzt, dort Geisteskranke zu euthanasieren […]«

Neben der beklemmenden Prosektur (Pathologie) im Klosterkomplex sind zur Erinnerung an diese Verbrechen und an die Menschen, die ihnen zum Opfer fielen, »Stolpersteine« vor dem ehemaligen Kloster in den Boden eingelassen. Einer von ihnen ist dem damals 14-jährigen Ernst Lossa gewidmet, der als diebisch bezeichnet wurde, weil er in eine Vorratskammer eingebrochen war und die gestohlenen Lebensmittel verteilt hatte. Das Kind Ernst Lossa ahnte, was ihm bevorstand. Am Tag vor seinem Tod gab er einem Pfleger ein Porträtfoto von sich mit der Bitte, er solle ihn doch bitte »schön einsargen«. Ernst Lossa wurde auf der Wiese hinter dem Kloster, wo heute das Denkmal für die Euthanasie-Opfer steht, namenlos verscharrt.

Adresse Kloster Irsee, Schwäbisches Tagungs- und Bildungszentrum, Klosterring 4, 87660 Irsee, Tel. 08341/90600, www.kloster-irsee.de (Den Schlüssel zum Euthanasieraum erhält man an der Rezeption des Tagungscenters.) | Pkw Ausfahrt Bad Wörishofen, B 16 Richtung Kaufbeuren, OAL 12 Richtung Irsee | Tipp An der Klosterrezeption unbedingt einen Blick auf das ungewöhnlich großzügige Treppenhaus werfen. Und natürlich in der Basilika die originelle Schiffskanzel anschauen.

31 Das Ungeheuer vom Oggenrieder Weiher

Ich wollte doch nur die Badesaison retten

Im Sommer 2013, der so verregnet angefangen hatte, wurde einem achtjährigen Jungen im Oggenrieder Weiher die Achillessehne gleich doppelt durchgebissen. Laut Tierarzt hätte der Biss von einer Schnappschildkröte (Chelydra serpentina) oder einer Geierschildkröte (Macrochelys temminchii) stammen können.

Der Irseer Bürgermeister Andreas Lieb wollte den Rest der Badesaison retten – also flugs das Wasser aus dem See ablassen, das Viech finden und fangen, den See wiederauffüllen. Das Viech dachte aber nicht im Traum daran, sich fangen zu lassen, nicht von der Feuerwehr, nicht von einer Wahrsagerin, nicht von einem Suchhund (Herrchen kam mit einer Geierschildkröte, um den Geruch aufzunehmen). Nichts half.

Die Geschichte ging um die Welt: Ein Hype ohnegleichen begann um Lotti, wie die Schildkröte alsbald getauft wurde, und ihren Bürgermeister. Sogar in den Neuseeländer Nachrichten wurde über beide berichtet. Es gab ein Lotti-Lied und Lotti-T-Shirts (»who the fuck is Lotti«, »Lotti will doch nur spielen«), wodurch ein eigentlich unverkäufliches, weil senffarbenes T-Shirt der Renner wurde. Hunderte Schaulustige pilgerten täglich an den See, manchmal standen gleichzeitig fünf Live-Übertragungswagen an Ort und Stelle. Das Viech mit der drittstärksten Beißkraft der Welt war nicht zu finden. Vielleicht schon geklaut, Geierschildkröten bringen auf dem Markt zwischen 5.000 und 10.000 Euro. Eine Zeitung wunderte sich über den Aufwand wegen einer einzigen Schildkröte, wo doch in Amerika so viele in Seen hausen. Nur: In den USA können viele Menschen nicht schwimmen, und die anderen haben Pools.

Die schönste Lotti-Devotionalie schufen übrigens die Bäcker von Koneberg. Und wenn die Lotti nicht gefunden wird, so backen sie noch heute Laugenschildkröten – hoffentlich!

Adresse Oggenrieder Weiher; Oggenried Bäckerei Koneberg, Mühlstraße 9, 87660 Irsee, Tel. 08341/2224, www.koneberg.de | Pkw A 96, Ausfahrt Bad Wörishofen, in Irsee in Richtung Oggenried auf der linken Seite | Tipp Zur Bäckerei führt ein idyllischer, 250 Meter langer Weg ab dem Parkplatz vor dem Kloster. Das Lotti-Graffito auf der Gartenmauer neben der Bäckerei, das Haus des Bürgermeisters, stammt vom Münchner Graffiti-Künstler Loomit.

32 Der Adler

Requiem für einen Landgasthof

Eigentlich hätte in die Ränge der 111 Orte im Allgäu, die man gesehen haben muss, der altehrwürdige Adler in Großholzleute aufgenommen werden sollen. Denn hier las Günter Grass im Oktober 1958 seinen Schriftstellerkollegen von der Gruppe 47 aus seiner noch unvollendeten »Blechtrommel« vor. Der Wirt läutete damals die Kuhglocke, wenn die Literaten und ihre Ehefrauen wieder zuhören sollten.

Der »Adler«, mehr als 500 Jahre alt, gehört zu den ältesten Gaststätten des Landes. In der einstigen Thurn- und Taxis'schen Posthalterei Baden-Württembergs waren schon Kaiserin Maria Theresia und Marie Antoinette zu Gast, und anno 1525 berieten hier die aufständischen Bauern über ihr Vorgehen im Bauernkrieg. Historische Hinterlassenschaften sind derer viele im Haus. Antikes Mobiliar, neben vielen Hirschgeweihen Malereien aus dem 18. Jahrhundert an den Wänden, und besonders interessant: die Gästebücher, in die sich seinerzeit auch die Schriftsteller Günter Grass, Carl Zuckmayer und Max Frisch eingetragen haben. Doch der Adler kann leider nur noch von außen besichtigt werden.

Nun gibt es viele Wirtschaften namens Adler im Allgäu, oft auch durch den Zusatz »goldener« oder »schwarzer« ergänzt. Die Bezeichnung stammt noch aus der Zeit des Heiligen Römischen Reichs und seines Kaisers, dem die meisten Allgäuer Gebiete unterstanden. Im Adler in Isny, nahe Großholzleute, starb am 16. Juli anno 1809 der deutsche Dichter und württembergische Hauptmann Karl Friedrich von Lohbauer nach schwerer Verwundung, erlitten im Kampf gegen österreichische Truppen. Bei der Frage, wo im Haus er denn verstorben sei, deutet der Wirt auf den Gastraum.

Der Dichter hinterließ uns folgenden Aphorismus: »In uns keimt Jammer und Wonne; nur in uns selbst liegt unsere Welt. Bewusstsein ist die heit're Sonne, die uns des Lebens Nacht erhellt. […] Nach Taten zähle deine Tage und für die Menschheit glüh' dein Herz!«

Adresse Zum Schwarzen Adler, Wassertorstraße 22, 88316 Isny, Tel. 07562/912545 | **Pkw** A 96, Ausfahrt Aichstetten, rechts Richtung Leutkirch, in Isny ab Marktplatz zu Fuß | **Tipp** Unbedingt den Schwarzen Adler in Großholzleute anschauen, zumindest von außen, falls er geschlossen sein sollte.

33 Der Steuerzahler-Brunnen

Alles für die Katz

Der Reihe nach die Darsteller, die im Gesamtensemble »Steuerzahler-Brunnen« mitwirken: Also die Kuh, das sind wir, die Steuerzahler. Der Mann auf dem Stuhl, der melkt, das ist der böse Bürokrat, der uns um unser Geld bringt. Die Milch der Kuh, die aus ihrem Euter fließt, ist das Steuergeld, das in den Eimer läuft und aus dem Eimer weiter ins Nichts. Damit wir das Ganze aber wirklich verstehen, gibt es noch die Katze, die die Mich aufleckt, und das bedeutet, dass ein Teil unseres Steuergeldes »eh für die Katz ist«.

»Kuh-Brunnen« heißt er offiziell, inoffiziell aber »Steuerzahler-Brunnen«. Geschaffen wurde das Steuerzahlermelkkunstwerk von Leo Wirth (geb. 1956). Der Brunnen ist wie auch der Neidhammelbrunnen, der Hochzeitsbrunnen, der Rösserbrunnen und der Vier-Jahreszeiten-Brunnen in Isny eine Leihgabe der beiden in jedem Sinne schwergewichtigen Brüder Immler aus Isny. Die beiden gründeten am 24. Dezember 2004 die Immler-Großfamilienstiftung, um für Familien zu bauen und ihnen die Wohnungen für den symbolischen Betrag von einem Euro Miete pro Monat zu überlassen. Bedingung für einen Einzug: mindestens vier Kinder, seit drei Jahren am Ort lebend oder arbeitend, in Begleitung zweier Senioren über 55 Jahre, 20 Stunden ehrenamtliche Tätigkeit pro Monat. Häuser der Stiftung stehen in Kempten-Durach, 30 Kilometer westlich von Isny.

Als die Gebrüder Immler 1999 den Bau einer Schule finanzieren wollten, schallten sofort »Denen scheint es wohl zu gut zu gehen«-Rufe durch das Örtchen. Die beiden wollten daraufhin ein alljährliches Hammelbraten-Neidhammelfest initiieren – was wiederum auf Ablehnung stieß. Als die Schule dann erweitert werden musste, nahm man das Geld der Brüder doch, die neben einem neuen Schulflügel den Neidhammel-Brunnen stifteten … Pecunia non olet – Geld stinkt halt nicht. Das Neidhammelfest selbst fand allerdings nie statt!

Adresse Untere Stadtmauer, 88316 Isny | **Pkw** A 96, Ausfahrt Aichstetten, rechts Richtung Leutkirch, in Isny beim Parkplatz an der Unteren Stadtmauer parken | **Tipp** Gemalte skurril-witzige Phantasie- und Fabelwesen präsentiert der Künstler Friedrich Hechelmann in der Kunsthalle im Schloss Isny.

34 Das Haus Tanne

Gemalte Geschichte am Ende der Welt

Die Geschichte der Tanne begann irgendwann ums Jahr 1820. Durch die Säkularisierung bekam die Fürstenfamilie Quadt das Gelände hier am Eisenbach bis zur heutigen bayerischen Grenze zu Tirol. Die fürstliche Familie richtete hier eine Glasmanufaktur ein, die bis 1893 bestand. Gewohnt und verwaltet wurde im repräsentativen Haus Tanne. Zur jener Zeit fanden hier Jagden statt, die Gesellschaft übernachtete in den Gästezimmern im Haus, wo es heute wie damals einen Festsaal und eine Gastwirtschaft gab und gibt.

Berühmte Gäste gaben sich hier am Ende der Welt die Ehre. Frau Daimler (die von Mercedes-Benz) kam hier einst mit einem dampfenden Ungetüm, dem ersten Auto, an: Klein und Groß rettete sich vor dem Monster in den Straßengraben … Auch König Wilhelm II. kehrte hier ein, um die weithin gerühmten Forellen zu verspeisen. Ende des 19. Jahrhunderts entdeckten Skifahrer das seinerzeit mondäne Haus Tanne, und auch Wanderer aus dem Bereich Stuttgart quartierten sich in dem für diese so abgelegene Gegend stattlichen Gemäuer ein.

Mit dem Zweiten Weltkrieg endete die große Zeit der Tanne als Hotel. Nach 1945 diente sie als Kinderheim, beherbergte Asthmakranke und fiel dann 1970 bis 1980 in einen Dornröschenschlaf. Nach ihrem Erwachen diente sie als Schullandheim, anschließend als Aussiedlerheim – Letzteres bekam dem Haus nicht sehr gut. Frisch renoviert ist die Tanne heute eine kleine Ansiedlung mit Seminarhotel, Laden, Kunsthandwerkerhof und Café. Und einer Gastwirtschaft, in der schon Frau Daimler saß.

Unbedingt anschauen: Die biedermeierlichen Wandgemälde im Salon im ersten Stock. Die wandgroßen Bilder zeigen idyllische Inszenierungen der bergigen Landschaft und des Weilers Eisenbach. Adrett gekleidete Menschen stehen und sitzen in der Szenerie, waren es Touristen? Die Wandgemälde wurden als Kulturdenkmal eingestuft.

Adresse Haus Tanne, Eisenbach 15, 88316 Isny (Rohrdorf), Tel. 07569/930044, www.haustanne.de | Pkw A 96 Ausfahrt Isny, Eschachtal bis Kreuzthal | Öffnungszeiten April–Okt. So 10–18 Uhr | Tipp Unbedingt auch die nähere Umgebung von Haus Tanne (unterirdische Gänge!) erkunden. Die Geschichte der Glasmacherei im Kreuzthal kann man im Glashüttenmuseum im benachbarten Schmidsfelden weiterverfolgen.

35 Die Blasius-Kirche

Das Martyrium

Selten ist das Martyrium des heiligen Erasmus so grausam und genau dargestellt worden wie in der Blasius-Kapelle in Kaufbeuren, und vielleicht hat unter den leidgeprüften Märtyrern keiner so viel erlitten wie er. Der heilige Erasmus war im 3. Jahrhundert n. Chr. Bischof von Antiochia, im heutigen, ebenfalls leidgeprüften Syrien. Er wurde während der Christenverfolgung unter Kaiser Diokletian so gefoltert, wie man sich das schlimmer nicht vorstellen kann. Man setzte ihn in flüssiges Blei, dann zog man ihm ein glühendes Kettenhemd über, drehte mit einer Winde seinen Darm aus seinem Bauch – daher ist auch eine Winde sein Attribut. Doch Erasmus überstand das alles, er wurde vom Erzengel Michael aus der Haft befreit und in ein Schiff gesetzt, mit dem er sicher nach Italien segelte.

Die St.-Blasius-Kirche gilt als eines der bedeutendsten mittelalterlichen Bauwerke Schwabens. Erstmals 1319 urkundlich erwähnt, war sie anfänglich wohl eine Kapelle für die Wehrleute Kaufbeurens. Da der Wehrgang der Stadt direkt durch die Kapelle hindurchführte, konnten die Soldaten ihre Andacht abhalten, ohne den Wehrgang zu verlassen. Als einmalig gilt die größtenteils originale, mittelalterlich-gotische Architektur und Ausstattung der Kirche.

Direkt neben dem Gotteshaus wurde 1988 der »Schlupf«, eine gotische Materialtür mit original erhaltenen Türbeschlägen, entdeckt. Dem Schlussstein im Segmentbogen wurden übernatürliche Kräfte zugeschrieben, kein Wunder, trägt er doch das Pentagramm. Dieses Zeichen gehört zu den mächtigsten und gleichzeitig beliebtesten magischen Symbolen. Mit der Spitze nach oben – wie hier – symbolisiert es die menschlichen sowie spirituellen Bestrebungen: Der Geist, die Seele, der Wille herrscht über den Körper. Wäre es mit der Spitze nach unten, oh je. Dann würden die niedersten Triebe herrschen. Von hier oben hat man übrigens eine traumhafte Aussicht auf Kaufbeuren.

Adresse St.-Blasius-Kirche, Blasiusberg, 87600 Kaufbeuren, Tel. 08341/437850 | **Pkw** B 12 Jengen/Kaufbeuren, Ausfahrt Kaufbeuren, links nach Am Graben, rechts in Schraderstraße, rechts in Sedanstraße, links in Kaiser-Max-Straße, rechts Am Breiten Bach | **Öffnungszeiten** Die Kirche ist verschlossen. Den Schlüssel gibt's bei der Messnerin im Wohnhaus gegenüber Di–So 10–11 und 14–16 Uhr. | **Tipp** Die Nachtwächterführungen ab dem historischen Rathaus führen hinauf zum Blasiusberg mit der früheren Stadtbefestigung.

36 Der erostische Brunnen

Wo auch Ehemänner gucken dürfen

Das sind aber auch drei kurvige Vollweiber, die sich da in der Mitte des Hafenmarktes räkeln. Zwei sitzen Rücken an Rücken und heben die dritte Dame hoch, die leicht über ihnen balanciert. Vier dünne Wasserstrahlen besprühen die Ladys. Am Rande des Platzes gibt's dann ein Guckloch, um dahinterzuknien und die Frauen unbemerkt zu beobachten. Man(n) kann die Schönheiten aber nicht deutlich sehen, weil ein Wasservorhang die Aussicht verschleiert.

Witwe Pohl hat mit diesem Brunnen den Willen ihres verstorbenen Mannes erfüllt, der etwas Bleibendes schaffen wollte und sich noch zu Lebzeiten diesen Brunnen wünschte. Künstler Müller kam die zündende Idee zu dem Motiv, als er sich beim Verspeisen einer Leberkäsesemmel in der Metzgerei Boneberger beim Blick über den leeren Hafenmarkt an die alte Geschichte erinnerte, der zufolge dorthin in einem öffentlichen Badehaus öfter der eine oder andere Mann zum Gucken kam, wenn die Damen planschten. Bürgermeister Knie hatte sich wohl auch an die Geschichte erinnert, denn er sprach bei der Einweihung von den »erotischen Damen«.

Viereinhalb Meter hoch und zwei Tonnen schwer ist der Brunnen. Müller, dessen Werk unter 47 Bewerbern ausgewählt wurde, hat die beiden Skulpturen aus sechs und acht Millimeter starkem, unbehandeltem Stahlblech geschaffen. Er gibt »250 Jahre Durchrostgarantie«.

Gewidmet hat er sein Werk allen »starken« Frauen. Und der Bürgermeister meinte bei der Einweihung noch, dass hier Männer einen Blick auf wohlgeformte Frauen werfen dürften, »ohne Probleme mit der eigenen Frau zu bekommen«.

Und wie meinte Witwe Pohl bei der Eröffnung des Brunnens: Er bringe Ruhe und Gelassenheit. Sie wünschte den Betrachten, »dass sie Freude empfinden. Die Figuren sollen erheitern«. Hier gucken nicht nur die Männer gern – auch Frauen freuen sich an den Formen der Figuren.

Adresse Hafenmarkt, 87600 Kaufbeuren | **Pkw** von der B 16 »Am Graben« in die Pfarrgasse direkt zu den Damen | **Tipp** Zur Einstimmung auf die wohlgeformten Damen sollte man sich vorher in der Metzgerei Boneberger im Buron-Center eine Leberkässemmel gönnen.

37 Der Garten des Franziskus

Weg nach oben

Für manche Katholiken ging über dem Petersdom die Sonne auf, als sich 2013 der neue Papst zeigte, bescheiden vom Balkon lächelte und sich nach Franziskus nannte. Nach dem Franziskus, dessen Statue oberhalb des Gartens der Franziskanerinnen steht.

Kehre um Kehre geht man hinauf, vorbei an Stellen, die nichts gewollt Besinnliches an sich haben, sondern schlicht und einfach sind in diesem Hortus der Ruhe. Eine Schutzhütte vor Wind und Wetter gibt es, eine Feuerstelle, Aussichtsbänke mit herrlichem Ausblick auf die Stadt. Acht Besinnungspunkte sind es. Bei jenem mit dem Namen »Mond« sollen oder dürfen wir uns fragen: »Wonach richte ich mein Leben aus? Wonach sehne ich mich? Was gibt mir Hoffnung? Schaue ich manchmal hinter die Sterne und entdecke Gott?«

»Bruder Wind« gibt zu bedenken: »Was gibt mir Auftrieb? Was nimmt mir die Luft zum Atmen? Lasse ich anderen und anderem ausreichend Luft und Raum?« Und bei der Statue des Franziskus: »Kenne ich die Verletzungen und Wunden meines Lebens? Wem müsste ich verzeihen? Wie erlebe ich Angst und Schmerz, Krankheit und Leid?«

Zeit, das schönste Friedensgebet aller Zeiten – Autor war der heilige Franziskus – mal wieder auf sich wirken zu lassen: »Herr, mach mich zu einem Werkzeug deines Friedens, dass ich liebe, wo man hasst; dass ich verzeihe, wo man beleidigt; dass ich verbinde, wo Streit ist; dass ich die Wahrheit sage, wo Irrtum ist; dass ich Glauben bringe, wo Zweifel droht; dass ich Hoffnung wecke, wo Verzweiflung quält; dass ich Licht entzünde, wo Finsternis regiert; dass ich Freude bringe, wo der Kummer wohnt. Lass mich trachten, nicht, dass ich getröstet werde, sondern, dass ich tröste; nicht, dass ich verstanden werde, sondern, dass ich verstehe; nicht, dass ich geliebt werde, sondern, dass ich liebe.«

Der Berggarten wird von einer munteren und sympathischen Gruppe von Ehrenamtlichen gepflegt.

Adresse Eingang gegenüber der Klosterkirche, Crescentiaplatz, 87600 Kaufbeuren | **Pkw** über St 2055 zur Josef-Landes-Straße, rechts Ledergasse, rechts Hafenmarkt, am Kirchplatz parken, zu Fuß weiter über Münzhalde, Klostergässchen | **Öffnungszeiten** täglich 9–20 Uhr; bei Schnee bleibt der Berggarten geschlossen | **Tipp** Die interessant aufgemachte Crescentia-Gedenkstätte im Kloster und der Reliquienschrein der Heiligen in der Klosterkirche lohnen einen Blick.

38 Das Geburtshaus des Ludwig Ganghofer

Ehre und Freude

»Als ich den 50. Geburtstag zu ertragen bekam, sandte mir die Stadt Kaufbeuren einen Glückwunsch, den die Mitteilung begleitete, dass eine Gedenktafel an mein Geburtshaus käme. Ein Jahr später wurde diese Tafel enthüllt, und die Stadt lud mich zu einer herzlichen Feier ein. Meine Frau, meine Kinder und liebe Freunde begleiteten mich. Wir standen in milder Herbstsonne vor dem alten Hause, an dessen brüchiger Mauer eine große Kupfertafel mein Bild und meinen Namen zeigte. Das war Ehre und Freude für mich. Aber die tiefe, schwere Erschütterung, die mein 50-jähriges Leben durchzitterte, ging von dieser alten hoch gegiebelten Mauer aus, von diesen acht schmalen … Fenstern. Die Glasscheiben waren grau und hatten keine Vorhänge. […] Ich empfand es wie Kummer und Vorwurf, dass ich an jenem Tage, der meinen Namen feierte, aus den leeren stillen Stuben heraustreten musste, ohne dass die Gesichter von Vater und Mutter, wie sie damals in Kaufbeuren waren, in mir erwachten.«

So beschreibt Ludwig Ganghofer (als er vier Jahre alt war, zog die Familie nach Welden um) in seinem »Buch der Kindheit«, wie sein Geburtshaus am 3. November 1906 eine Gedenktafel bekam – immerhin zählte er damals zu den auflagenstärksten Schriftstellern Europas. Jahrelang sollte das hohe, schmale Gebäude ein Schattendasein führen, nicht mal eine eigene Hausnummer hatte es. Heute ist darin ein kleines Café untergebracht, das Ganghofer-Gewölbe soll ein Treffpunkt für Literaturfreunde werden. Und eine Hausnummer hat das Gebäude mittlerweile auch: Kirchplatz 5.

Auch wenn Ludwig Ganghofer hauptsächlich für seine Heimatromane bekannt war, die als »Heile-Welt-Kitsch« galten, so beschrieb er doch ebenso soziale Konflikte oder die Kluft zwischen Fortschritt und Aberglauben.

Adresse Ganghofer Café und Bar, Kirchplatz 5, 87600 Kaufbeuren, Tel. 08341/9558102 | Pkw B 16, Am Graben in Kaufbeuren links Pfarrgasse, links Richtung Kirchplatz | Tipp Im Stadtmuseum von Kaufbeuren gibt es weitere Informationen zur vielschichtigen Persönlichkeit des Schriftstellers als Dichter, Maler, Musiker, Techniker und Bastler!

39 Die Kruzifixsammlung

Ein Kreuz ist ein Kreuz ist ein Kreuz

300 Kreuze umfasst die Kruzifixsammlung des Kaufbeurer Museums. Sie gilt sowohl in ihrer Formenvielfalt als auch in der Vielfalt der Epochen, aus denen die Exponate stammen, als eine der wichtigsten Sammlungen ihrer Art in Süddeutschland. Eines dieser Kruzifixe verließ 2008 das Museum zur Generalüberholung. Und kehrte 2013 älter zurück, als es dieses verlassen hatte. Denn bei kunsttechnologischen Untersuchungen der aus Pappelholz geschnitzten Christusfigur entdeckte man, dass sie im Laufe der Zeit erheblich verändert wurde und nicht aus der Barockzeit, sondern aus dem Jahr 1220 stammt. Sie wurde genau sechsmal überfasst, also übermalt. Auch bekam sie unter anderem eine andere Armhaltung. Selbst die Farbe der Haut wurde dem aktuellen Zeitgeist angepasst.

In der Barockzeit hatte die Figur Wundmale, triefendes Blut, eine bleiche Haut und als Kontrast dazu einen dunklen Stoff um die Lenden sowie eine leidvolle Haltung bekommen. Wo in der Romanik die beiden Füße des Christus mit je einem Nagel durchbohrt waren und die Figur stand – Kunsthistoriker sprechen vom Viernageltypus –, waren in der Barockzeit beide Füße übereinandergelegt und von nur einem einzigen Nagel durchbohrt. Christus stand nicht am Kreuz, er hing leidend daran.

Das restaurierte Kruzifix wird – anders als noch in der Romanik üblich – durch seine bewegte Haltung geprägt. Sowohl in der Hüfte als auch in den Knien vollzieht die Figur einen Knick. Das dadurch entstandene »Zick-Zack«-Motiv bildet eine Abkehr vom Typus des romanischen Christkönigs. Vier Jahre und 3.000 Arbeitsstunden hat es gedauert, bis aus dem leidenden Christus ein über den Tod triumphierender Christkönig wurde.

Das Kruzifix gehört zu der renommierten Wiebel'schen Sammlung von Kreuzen. Im Kaufbeurer Museum werden sie nicht nur aus theologischer Sicht, sondern auch aus einem kulturhistorischen Blickwinkel gesehen.

Adresse Stadtmuseum Kaufbeuren, Kaisergäßchen 12–14, 87600 Kaufbeuren, Tel. 08341/9668390 | Pkw B 12 Ausfahrt Kaufbeuren, Richtung Stadtmitte fahren, parken im Parkhaus Süd, Fußweg durch die gut erhaltene mittelalterliche Altstadt zum Museumsgebäude (ausgeschildert) | ÖPNV Leitsystem zum Stadtmuseum ab dem Bahnhof Kaufbeuren. Der circa 1 Kilometer lange Weg führt auch durch den malerischen Jordan-Park. | Öffnungszeiten Di–So 10–17 Uhr | Tipp Das Kruzifix in der Blasius-Kapelle mit dem gekreuzigten Jesus aus dem Jahr 1350 gilt als hochrangiges Kunstwerk.

40 Das Rathaus

Bildwand und Königsbüste

Nachdem das alte Rathaus aus dem 15. Jahrhundert baufällig geworden war, musste es 1860 abgerissen werden und die Beamten 21 Jahre in einem Provisorium arbeiten. Nach heftigen Diskussionen über Stil und Lage des neuen Rathauses engagierten die Kaufbeurer keinen Geringeren als den Architekten Georg Hauberrisser, der zuvor das Neue Rathaus in München konzipiert hatte.

Anders als das neugotische Münchner Rathaus ist das Kaufbeurer im Stil der Neorenaissance erbaut. Über dem Eingangsportal, vor dem ovalen Fenster des Arbeitszimmers des Oberbürgermeisters, thronte einst die riesige Büste von König Ludwig II. Bis anno 1960 ein Angestellter das Rathaus in Brand setzte. Es wurde (ohne den oberen Teil) wiederaufgebaut – die Büste aber blieb verschwunden. 1992 jedoch schloss die Faschingsgesellschaft »Aufbruch Umbruch« während einer Sitzung eine Saalwette ab: »Wer findet die Büste von König Ludwig II?« Sie wurde im Garten des Café Stenglein (heutiges Lokal MAXX, gegenüber der Tourist-Information) gefunden! Inzwischen steht sie samt Federhut – eine sehr seltene Darstellung des Königs als Hubertusritter – im Foyer des Gebäudes.

Vorbei an einer dreiteiligen Glasfenstergruppe mit einer Stadtansicht von 1888 gelangt der Besucher hinauf in den historischen Sitzungssaal. Ein Prunkraum mit dem Originalmobiliar aus der Erbauungszeit – die Stühle mit dem Wappen sind ein Geschenk von König Ludwig II.

Da das Rathaus in den Jahren 1879 bis 1881 erbaut wurde und somit in die Regierungszeit von König Ludwig fiel, schmückt sein Brustbild den Sitzungssaal. Für die moralisch-sittliche Erhebung sorgen die mit Mineralfarbe direkt auf die Wand gemalten Bilder. Sie zeigen die fünf Bürgertugenden: Vaterlandsliebe, Gerechtigkeit, Wohltätigkeit, Häuslichkeit und Arbeitsamkeit. Gekrönt wird der Raum von einer herrlichen Kassettendecke. Nicht versäumen: das Trauungszimmer nebenan.

Adresse Historisches Rathaus, Kaiser-Max-Straße 1, 87600 Kaufbeuren | Pkw B 12 vorbei an Jengen, Kreisverkehr auf St 2055 Augsburger Straße, links B 16 / Am Graben, rechts Schraderstraße, rechts Sedanstraße, rechts Kaiser-Max-Straße | Öffnungszeiten Den Schlüssel zu den historischen Räumen erhält man unten an der Pforte, ansonsten einfach einen Rathausmitarbeiter bitten, den Raum aufzuschließen. | Tipp Nach dem König benannt ist die Ludwigstraße, und dort in der Nummer 17 ist das Restaurant »Jedermann« eine Empfehlung wert.

41 Das Tastmodell

Perspektivwechsel

Die Münsteraner waren die Ersten, die ein Stadtmodell aus Bronze aufstellten. Viele Städte haben, wie Kaufbeuren, nun auch eines. Fängt einer auf der Straße an, das Modell zu betasten, zu beschauen – schwupps –, schon gesellen sich weitere Schau- und Tastlustige um ihn. Immer das Gleiche, einer muss halt den Anfang machen. Sehbehinderte können hier zum ersten Mal erfahren, also ertasten, wie in ihrer Stadt die Häuser, Straßen und Gassen angeordnet und wie die Größenverhältnisse sind. Kleine Punkte in Brailleschrift geben die Erläuterungen zu den Sehenswürdigkeiten. Aber auch Sehende entdecken hier die Stadt aus einer ganz neuen Perspektive: nämlich von oben.

Das Stadtmodell wurde von Egbert Broerken, einem Bildhauer aus Westfalen, gefertigt. Seine Objekte sind in ganz Europa zu finden. Kaufbeuren als Stadt mit einer nahezu geschlossenen Stadtmauer eignet sich sehr gut für diese Art von Modell. Insgesamt eine tolle Sache: Sehende lernen hier, wie Blinde die Welt wahrnehmen, Eltern erklären hier ihren Kindern im Kleinen, wie das Große aussieht. Und für alle gilt: Sie können die Stadt ganz neu erfahren.

Diese Art von Modell entsteht im Wachsausschmelz-Verfahren, einer alten handwerklichen Kunst, die Detailtreue und Unverwüstlichkeit der bronzenen Reliefs garantiert. Broerken hat mittlerweile mehr als 70 geschaffen.

Angefangen hatte es, wie so oft, mit einem Zufall: Er hat in seiner Heimatstadt Soest in Westfalen einer Stadtführung für Blinde zugehört und bedauert, dass diese die Stadt nicht erfühlen konnten. Bedauert, geändert! Heute kommen selbst Anfragen aus Dubai und Las Vegas für seine Arbeiten. Und wenn alle Städte längst anders aussehen oder untergegangen sind, so ein Stadtmodell ist robust und eine Investition fürs (Stadt-)Leben! Menschen späterer Epochen können dann erkennen: Ah, so hat Kaufbeuren damals, lang ist es her, ausgesehen.

Adresse gegenüber der Stadtsparkasse, Ludwigstraße 26, 87600 Kaufbeuren | Pkw B 16, in Kaufbeuren ins »Rosental« abbiegen, weiter zur Ludwigstraße 26 | Tipp Einen recht günstigen Badespaß bietet das Jordan Badepark Hallenbad.

42 Die Erlebnisausstellung

Bunker und Pretiosen

Unterschiedlicher könnten Kaufbeuren und Neugablonz nicht sein. Kaufbeuren wurde im Zweiten Weltkrieg von keiner Bombe getroffen, Neugablonz, ehemals Kaufbeuren-Hart, ist auferstanden aus den Ruinen der Munitionsfabrik Dynamit AG, die einst vom Stifter des Nobelpreises, Alfred Nobel, gegründet wurde. Nach dem Zweiten Weltkrieg wurde die Fabrik von den Amerikanern in einer aufsehenerregenden Aktion in Anwesenheit der Presse gesprengt. Während Kaufbeuren eine Stadt der Allgäuer ist, ist Neugablonz bis heute eine Stadt der Sudetendeutschen, die hier nach ihrer Vertreibung nach dem Krieg angesiedelt wurden. Allgäuerisch hört man bis heute kaum im Ort, dafür findet man aber Schilder wie »Alte Heimat«.

Von der einstigen Dynamit AG sind einige Gebäude trotz Sprengung stehen geblieben, 1995 waren noch etwa 70 in irgendeiner Weise erhalten. Bevor man ins Haus der Gablonzer Industrie geht, schaue man es sich von außen an, denn die senkrechten Betonsäulen, die das begrünte Flachbetondach gestützt haben, sind noch gut zu erkennen. Die Zwischenräume waren mit Ziegeln ausgemauert, bei einer Explosion wären sie herausgebrochen und die Stützpfeiler stehen geblieben. Nach der Vertreibung haben die Neugablonzer weiterhin ihre Schmuckproduktion wie zu Hause betrieben (wie Swarovski in Österreich). Wenn auch anfänglich aus solchen Materialien wie Patronenhülsen.

Die Erlebnis-Welt im Haus der Gablonzer Industrie ist wirklich außerordentlich gut gemacht. Funkelnde Vitrinen und Glitzer, wo man hinschaut, man darf anfassen, ausprobieren, selber machen. Auf 25 »Erlebnisstationen« kann man sich zum Beispiel im Gravieren üben oder versuchen, einen Goldbarren zu heben. Sehr nett auch das kleine Café in einer ehemaligen Werkstatt eines Neugablonzer Kleinunternehmers. Früher gab es im Ort 230 solcher Betriebe in den Häusern, heute noch an die 80.

Adresse Erlebnisausstellung der Gablonzer Industrie, Neue Zeile 11, 87600 Kaufbeuren (Neugablonz), Tel. 08341/98903, www.erlebnisausstellung.info | **Pkw** aus Buchloe kommend auf B 12 nach Südwesten, Ausfahrt Neugablonz-Pforzen, 3. rechts auf Gablonzer Straße, links Gürtlerstraße, links Gewerbestraße, Neuer Markt, Sudetenstraße, rechts Neue Zeile, links | **Öffnungszeiten** Mo–Fr 9.30–12 Uhr, Mo–Do 14–17 Uhr | **Tipp** Durch den Ort führt ein »Weg des Schmucks« mit zehn Infotafeln, die die Einzelschritte der Schmuckproduktion (der Weg ist eher eine Straße des Schmucks) erläutern. Von Mai bis Oktober findet einmal im Monat eine Bunkerführung statt.

43 Der Rüdiger

Was will er nur?

Germanischer kann ein Name ja wohl kaum sein als der des Rüdiger, Wahrzeichen von Neugablonz. Ein Heimatvertriebener wie all die anderen Gablonzer ist er. Einst stand der Rüdiger, ein Werk des Jugendstilbildhauers Franz Metzner, auf der Bastei in Gablonz im heutigen Tschechien. 1945 wurde er durch die neuen Machthaber gestürzt und landete auf einer Abfallhalde. Ersetzt wurde er durch ein Kriegsdenkmal sowjetischer Prägung. 1968 die nächste Zeitenwende: Während des Prager Frühlings kauften die Neugablonzer ihren Rüdiger für 40.000 Mark und stellten »Spätheimkehrer Rüdiger«, wie er liebevoll von ihnen genannt wird, in ihrer neuen Heimat auf.

Eigentlich sollte der Rüdiger Teil eines Nibelungen-Brunnens werden, der vor der Wiener Votivkirche stehen sollte. Der Recke, gestaltet in einer eigenartigen Mischung aus Symbolismus und Jugendstil, sollte der krönende Mittelpunkt sein. Aber wie gesagt, da wurde nichts draus, die Kriege kamen dazwischen. Und so nimmt es nicht wunder, dass der Gedenkstein in Neugablonz, der auf den Rüdiger hinweist, dann doch eher wie ein Grabstein aussieht. Und der Rüdiger selbst seine Hände nicht zum Gebete faltet, wie es vorgesehen war, sondern eher die Hände ringt, vielleicht ob der Wirren der Zeiten.

Und bis vor Kurzem war es nachts auch recht düster um den Rüdiger. Doch das hat sich seit dem Sommer 2013 geändert: Dank eines ungenannten Spenders erstrahlt der bronzene Held nun auch in den dunklen Abend- und Nachtstunden. Doch der anonyme Spender hat noch weitere Ideen: Er plant, die Planeten des Sonnensystems vom Kaufbeurer Rathaus aus bis zum Gablonzer Haus auszustellen, und zwar im korrekten Größen- und Entfernungsverhältnis. Dabei möchte er die Sonne am Kaufbeurer Rathaus verankern, am Gablonzer Haus würde dann der Planet Pluto seinen Platz finden. Es bleibt spannend in Neugablonz, der aus der Zeit gefallenen Insel im Allgäu.

Adresse Parkanlage vor der Herz-Jesu-Kirche in der Sudetenstraße 84, 87600 Kaufbeuren (Neugablonz) | **Pkw** aus Buchloe B 12 nach Südwesten, 2. Ausfahrt Richtung Kaufbeuren/Neugablonz, im Kreisverkehr 1. Ausfahrt, dann rechts | **Tipp** Das Isergebirgs-Museum am Bürgerplatz 1 widmet sich den Themen Ortsgeschichte, Otfried Preußler und Schmuck aus Neugablonz.

44 Der Anna-Maria-Schwegelin-Brunnen

Erwiesene Teufelsbuhlschaft

Aufgewachsen in Waisenhäusern wurde aus Anna Maria Schwegelin eine Dienstmagd. Im Alter von 30 Jahren verliebte sie sich in den evangelischen Kutscher des Bauern, bei dem sie in Stellung war. Da sie ihn als Katholikin nicht heiraten konnte, konvertierte sie. Aber der Kutscher vergaß sein Eheversprechen, und Anna Maria musste den Hof verlassen. Ihre Konversion versuchte sie vergebens rückgängig zu machen. Aufgrund eines Beinleidens bekam sie keine neue Arbeit, sie verwahrloste, wurde in Kempten aufgegriffen und in das Arbeitshaus gesteckt. Nun begannen fünf Jahre harter Arbeit bei mieser Verpflegung. Schwegelin glaubte, sie sei mit dem Teufel ein Bündnis eingegangen und von ihm nach ihrem Glaubenswechsel missbraucht worden. Eine Mitinsassin zeigte sie deshalb bei der örtlichen Obrigkeit an. Anna Maria wurde in das Gefängnis nach Kempten überführt. Kraft der soliden Beweislage fällte am 4. April 1775 der Fürstabt Honorius von Schreckenstein sein Urteil. Schwegelin wurde wegen »erwiesener Teufelsbuhlschaft« zum Tod durch das Schwert verurteilt.

Lange Jahre war man der Ansicht, dass das Urteil am 11. April 1775 vollstreckt wurde und Anna Schwegelin die letzte Hexe war, die hingerichtet wurde. Nach neueren Forschungen wurde sie aber begnadigt – die Gründe sind unbekannt. Sie starb 1781 im Zuchthaus des Stifts Kempten. Anna Maria Schwegelin war also das letzte Opfer der Hexenverfolgung, die letzte getötete Hexe war sie aber nicht.

Stellvertretend für alle anderen »Hexen« jener dunklen Zeit wurde an der Südostseite der Residenz ein unscheinbarer Brunnen nach ihr benannt. »Zur Erinnerung an das Leiden und Sterben ungezählter Frauen, die während der jahrhundertelangen Verfolgung als Hexen diffamiert und ermordet worden sind. Erinnerung ist das Geheimnis der Vergebung.«

Adresse Residenzplatz, 87435 Kempten | Pkw B 12 in Kempten Richtung Stadtzentrum, rechts Sankt-Mang-Brücke, weiter zum Residenzplatz | Tipp Weitaus auffallender ist der Jugendstilbrunnen aus dem Jahr 1905 vor der St.-Mang-Kirche.

45_Der Archäologische Park

Florus führt

Im Jahr 18. n. Chr. erwähnte der griechische Geograf Strabon in seiner Schrift »Geographika« eine »Polis Kandobounon«, also eine Stadt Cambodunum. Auf jeden Fall hatte Strabon eine Siedlung auf einer Hochfläche rechts der Iller gemeint, die immer mal wieder von den Alemannen zerstört wurde. Daher wurde sie schließlich auf der Burghalde am linken Ufer der Iller wiederaufgebaut, weil die Römer glaubten, sie dort besser verteidigen zu können. Damals, vor 2.000 Jahren, brachten die Römer, Germanen und Kelten (Galli) ihre jeweilige Religion aus ihrer Heimat mit ins Allgäu, einst standen hier 13 Kultbauten!

In der Tempelanlage des Archäologischen Parks sind die erhalten gebliebenen originalen Mauern und die Rekonstruktionen sehr gut zu unterscheiden. In der Mitte steht der heilige Baum der Römer, die Eiche, behängt wie einst mit Stoffbändern und Glöckchen, um die Götter zu begrüßen. Darum herum gruppieren sich zwölf römische Tempelchen und ein kleiner keltischer Tempel.

Als Opfergaben liegen Obst und Gemüse davor. Eben alles, was man damals so an Früchten hatte (zu jener Zeit waren diese noch erheblich kleiner als die heutigen): Lauchzwiebeln, Karotten, Getreide und Blumensträuße. Tomaten und Kartoffeln hingegen kannte man noch nicht.

Der Römer Florus führt im Tempel eine Opferprozession an, man folgt ihm Schritt für Schritt um den Tempel herum. Wüsste man nicht, dass er und seine Römer nur eine Wandprojektion sind, man könnte sie doch glatt für echt halten …

Nach der Besichtigung gibt's im Café Speisen und Getränke »nach Römerart«. Und anschließend geht es in kurzem Fußweg zum zweiten Abschnitt der Anlage: Hier liegen die kleinen Thermen mit originalen Grundmauern, Böden, Heizkellern und Kanälen. Dann im dritten Abschnitt (frei zugänglich) ist die Basilika des Forums zu sehen.

Adresse APC – Archäologischer Park Cambodunum, Cambodunumweg 3, 87437 Kempten, www.apc-kempten.de | Pkw aus Richtung Ulm/Füssen A 7 Ausfahrt Kempten, aus Richtung München B 12, ab Stadtrand Kempten ausgeschildert | ÖPNV Ab Bahnhof Bus 4, 6, 8 oder 9 bis ZUM (Zentrale Umsteigestelle/Busbahnhof). Weiter mit Linie 1, Haltestelle Brodkorbweg. Von dort fünf Minuten zu Fuß der Beschilderung folgen. | Öffnungszeiten Di–So Mai-Okt. 10–17 Uhr, Nov., März, April 10–16.30 Uhr | Tipp Auf der Burghalde, Über'm Mäuerle 7, liegt der unter Denkmalschutz stehende Ritterkeller, der im Kern noch aus der Zeit der Gotik stammt, heute eine weithin bekannte Musikkneipe, Inhaber ist der Bruder von Fernsehrichter Alexander Hold.

46 Das Beginenhaus

Denkmal im Dornröschenschlaf

Verreiste der Mensch im Mittelalter, dann kam er unterwegs bei seiner Zunft oder in einem Kloster seines Ordens unter. Oder in einer Unterkunft, die der Fürstabt bereitgestellt hatte. Wie in Memmingen das Beginenhaus und der Nonnenturm, die im 14. Jahrhundert von den Beginen, einer freien Klostergemeinschaft von Frauen, geführt wurden. Ab dem 16. Jahrhundert lebten hier Patrizierfamilien, Bürgermeister, Stadtkämmerer und Ratsherren, die jeweils die Gebäude mit Wandgemälden und Holzdecken nach ihrem Geschmack ausstatten ließen. Später wohnten Handwerker hier, und zuletzt zog das italienische Restaurant »Europa« ein.

Ab 1982 stand das Gebäude leer. Heute bemüht sich eine Gruppe höchst engagierter Kemptener um die Erhaltung des Gebäudeensembles.

Von Aberglauben erzählen die zwei in den Boden eingelassenen Katzenschädel. Katzen wurden bis in die Renaissance hinein in Hausneubauten zum Schutz vor bösen Geistern eingemauert. Gerne auch mal lebend. Die zwei gotischen Säulen und die heitere gotische Wandmalerei künden von einer verspielten Lebensfreude – die graue Übermalung von einer strengen, tristen Auslegung der lutherischen Lehre. Aus jener Zeit stammt auch die Lutherrose, eine fünfblättrige Rose mit dem Kreuz in der Mitte, Symbol der evangelisch-lutherischen Kirchen. Einst war sie das Siegel, das Martin Luther ab 1530 für seinen Briefverkehr verwendete. Aus der Epoche der Renaissance stammt ein Frauenporträt, entnommen einem Augsburger Musterbuch und vielleicht eine Nonne darstellend.

Ehrenamtlich haben drei Frauen den Katzenkopfboden im Erdgeschoss gereinigt und dabei eine venezianische Münze gefunden. Heute wäre sie 500 Euro wert. Vermutlich hat sie ein Händler verloren, damals wurde Wein aus Italien importiert und Tuch exportiert. Und dann gibt es noch die zig verschiedenen Tapetenreste, für die eigens Abgeordnete vom deutschen Tapetenmuseum anreisten.

Adresse Treffpunkt für Führungen am Nonnenturm in der Burghaldegasse, 87435 Kempten, Tel. 0831/511973, www.beginenhaus-kempten.de | **Pkw** A 96 Lindau-Stuttgart, B 12 Kempten, St.-Mang-Brücke, Burgstraße | **Öffnungszeiten** nur im Rahmen von Führungen | **Tipp** Auch im Café der Gründerzeitvilla »Künstlerhaus« in der Bahnhofstraße 17 geht es um den Erhalt eines historischen Gebäudes aus dem Jahr 1873. Man kann die Vereinsmitglieder bei ihrem Tun unterstützen, indem man dort isst und trinkt!

47 Die Erasmuskapelle

Vom Beinhaus zum Weinhaus

Die Gebeine, die hier christlich bestattet wurden, stammen aus dem 7. Jahrhundert. Der heilige Magnus soll das Allgäu aber erst im 8. Jahrhundert christianisiert haben. Hm, ist das mit dem heiligen Magnus und seiner Christianisierung des Allgäus am Ende nur eine Legende? Nun gut, wollen wir nicht so pingelig sein.

Auf geht's in die Erasmuskapelle vor der St.-Lorenz-Basilika: Als man vor mehr als einem Jahrzehnt den St.-Mang-Platz umgestaltete und archäologische Rettungsgrabungen vornahm, fand man über 500 Skelette aus einem anno 1535 aufgegebenen christlichen Friedhof, dessen Kapelle in späteren Jahren ein Ort der frohen Trinkkultur war. Vielleicht sind auch deshalb die meisten der alten Fresken verschwunden, auf dass die Heiligen nicht beim Trinken zuschauen müssen. Erhalten aus der Zeit, als die Kapelle noch eine Kapelle war, sind noch einige Apostelkreuze und das Gesicht einer geheimnisvollen Frau an den Wänden: der Mona Lisa von Kempten.

Bei den Grabungsarbeiten fand man auch ein Kellergeschoss der alten Kapelle, die 1857 abgebrochen wurde. Jedes Skelett der Begrabenen wurde erforscht, Alter, Krankheiten, Ernährung, Geschlecht bestimmt. Neben sehr vielen Kinderskeletten wurden auch die Gebeine einer etwa 70-jährigen Frau gefunden. Nun ruhen sie wieder in Frieden, ein Teil wurde hier bestattet, der andere auf dem evangelischen Friedhof. Heute wird hier in den Überresten der Kapelle – einem äußerst stimmungsvollen Ort – die Geschichte Kemptens per Beamer zum Leben erweckt. Da lodert das Feuer, wie damals beim Brand im 14. Jahrhundert, da stapeln sich die Knochen an den Wänden. In der Vitrine mit den Fundstücken liegt eine kleine Pinzette, die staunen macht: Sie stammt aus dem 13. Jahrhundert und diente dem Zupfen von Augenbrauen. Und für was waren die flachen Rindknochen-Ringe gut? Sie waren Teile von Paternosterschnüren, den Vorläufern des Rosenkranzes.

Adresse Schauraum Erasmuskapelle, St.-Mang-Platz, 87435 Kempten | Pkw B 12 Kempten, Richtung Stadtzentrum, rechts Sankt-Mang-Brücke | Öffnungszeiten 16. März–6. Jan. Do–Di 11–17 Uhr (letzter Einlass), 7. Jan.–15. März Sa, So und Mo 11–17 Uhr (letzter Einlass), Multivisionsshow jeweils zur vollen Stunde 11–17 Uhr | Tipp Nach dem Beinhaus, das ein Weinhaus wurde, geht's in die real existierende gemütliche Weinstube Grammetbauer in der Kesselgasse. Urig, klein und gemütlich. Spezialität: Seelen mit verschiedenen Belägen wie Mozzarella oder Tiroler Speck.

48 Die König-Ludwig-Brücke

Eine Meisterleistung der Ingenieurskunst

Über diese Brücke musst du gehn, unter dir die Iller sehn ... Der Weg zum Denkmal des Königs Ludwig II. führt über die Brücke, die nach seinem Großvater, König Ludwig I., benannt ist und im Frühjahr 2012 als »Historisches Wahrzeichen der Ingenieurbaukunst in Deutschland« ausgezeichnet wurde. Die 1852 eingeweihte Brücke ist ein einzigartiges Denkmal des frühen Eisenbahnzeitalters, da sie weltweit eine der ältesten erhaltenen hölzernen Eisenbahnbrücken und überdies noch weitgehend im Originalzustand ist. Außerdem war sie eines der ersten Bauwerke Deutschlands, dessen Tragkraft nicht aufgrund von Erfahrungswerten, sondern aufgrund von mathematischen Berechnungen bestimmt wurde. Heute wird sie nur noch als Fuß- und Radübergang genutzt. Die Konstruktion ist die einzige erhaltene und längste aller Howe-Brücken in Deutschland. William Howe (1803–1852) war amerikanischer Brückenbau-Ingenieur, der Fachwerkbrücken mit »Howeträgern« gebaut hat, das heißt, die Druckstreben waren aus Holz und die Zugstreben aus Eisen. Da damals aber immer mehr Lokomotiven eingesetzt wurden, die auch immer mehr Gewicht hatten, mussten als Ersatz Anfang des 20. Jahrhunderts zwei neue Brücken gebaut werden. So entstand das heutige pittoreske Brücken-Trio. Schon seit 1905 fährt auf der König-Ludwig-Brücke keine Lokomotive mehr. Dem Bauwerk steht eine Sanierung bevor, Fachleute bemängeln Faserbruch am Holz, Bewuchs, Fäulnis, korrodierte Schraubenköpfe und verborgene Auflagerplatten.

Gar idyllisch ist der Blick von der Brücke auf die Iller, einem rechten Nebenfluss der Donau. Der Name des Flusses könnte aus dem keltischen »ilara« (eilig) oder aus dem lateinischen »hilaris« (freundlich) stammen, wobei sie eher ein wilder denn ein freundlicher Bergfluss ist. Im Mittelalter wurde sie einst von der Westseite des Burghaldehügels auf die Ostseite umgelenkt, für die damaligen Möglichkeiten eine Pionierleistung!

Adresse 87435 Kempten (nahe des Bahnhofs, weil sie erst seit 1988 nach König Ludwig benannt ist, heißt sie auf vielen Stadtplänen noch einfach Iller-Brücke) | Pkw B 12, in Kempten am Berliner Platz links B 19 Richtung Zentrum bis zum Schumacherring | Tipp Der Iller-Radweg verläuft auf einer Strecke von circa 146 Kilometern von Oberstdorf nach Ulm und führt dabei auch durch Kempten an der Ludwig-Brücke vorbei.

49 Das König-Ludwig-Denkmal

Königsbüste und Zuchtbulle

Ausgerechnet im Jahr 1933 wurde das umgesetzt, was schon seit 1907 in der Planung war: Ein König-Ludwig-Denkmal wurde in Kempten aufgestellt. Vorher war mal kein Geld da, mal kam ein Krieg dazwischen, mal musste dringend ein Hallenbad gebaut werden, mal ging das Geld an der Börse den Bach runter. Die König-Ludwig-Büste bekam schließlich ihr Plätzchen in einem Tempelchen nahe der König-Ludwig-Brücke (nach dem ersten Ludwig benannt), etwas erhöht an der Straße nach Füssen; auch vom Zug aus konnte man sie sehen. Bei der Einweihung am 16. Juli 1933 war sich der Redner sicher, »dass die Erstellung von Denkmälern großer Volksgenossen [...] absolut nationalsozialistischem Gedankengang entspricht«. Wobei er König Ludwig II. zum »Führer des Volkes« erklärte, obwohl Letzteres zumindest in Form von Untertanen schon länger nicht mehr existierte. Seine königliche Hoheit Kronprinz Rupprecht, Sohn des letzten Königs von Bayern, Ludwig III., sprach auch ein paar Worte. Es gab Konzerte, Tanz, Kulturprogramm. Heute blickt der König einsam und vergessen in die Büsche gegenüber. Tempi passati.

Geschaffen hat das König-Ludwig-Denkmal, immerhin das erste nach dem Ende der Monarchie, ein gewisser Ludwig Eberle, der für Kempten auch ein zweites Monument geschaffen hat: das zweieinhalb Tonnen schwere Denkmal von Stier Roman, der nach unzähligen zeichnerischen und plastischen Studien nach einem Stier aus Weitnau gestaltet wurde. »Das Wesen des Stieres hat tierpsychologisch kein Allgäuer Bauer besser studiert als der Allgäuer Künstler Ludwig Eberle«, so lautete damals das Urteil. Roman wurde in einem Atelier in München aus Muschelsteinkalk aus Grönenbach geschlagen. Den Feinschliff gab es dann unter großer Anteilnahme des Publikums. Stier Roman ist das einzige größere Tiermonument ohne störenden Träger zwischen den Füßen in Deutschland.

Adresse 87435 Kempten, auf der rechten Seite über der Iller in der Nähe der König-Ludwig-Brücke in einer kleinen Grünanlage, vor der Allgäuhalle / Ecke Tierzuchtstraße und Kotterner Straße | Pkw B 12, in Kempten am Berliner Platz links B 19 Richtung Zentrum bis zum Schumacherring | Tipp In der Allgäuhalle finden Veranstaltungen und Flohmärkte statt. Im »Allgäuer Hoimarkt«, In der Brandstatt 10, einer Art Allgäuer Einkaufszentrum, gibt's Leckeres und Lustiges zum Thema Allgäu.

50 Die Residenz

So eine Sauerei

Die Sache an sich ist brisant: Geht es doch um die Geschichte Kemptens, einer Stadt, die von sich behauptet, die älteste Deutschlands zu sein, was Speyer allerdings auch tut. Da geht es also ums Große und Ganze, und das ist eine ernste Sache. Der Westallgäuer Künstler und Architekt Josef Löflath hatte in den 1980er Jahren den Auftrag erhalten, die lange Geschichte Kemptens im Treppenhaus der Residenz an die Wand zu bannen, das Gemälde sollte sich vom Erdgeschoss hoch übers Treppenhaus durchs ganze Haus ziehen. Irgendwie kulturell sollte die Geschichte der fürstlichen Residenz und des Stifts Kempten dargestellt werden, so war es im Sinne der Auftraggeber. Der Künstler allerdings sah auch die Schattenseiten der Kirche, stellte so manch einen Kleriker als geldgierig dar, eine Hure mit Mitra ritt gar auf einer Sau. Und das ging irgendjemandem zu weit, die Kratzspuren an der wohlgeformten Dame sind bis heute zu sehen. Die Bischöfe in Saus und Braus, die Bevölkerung in Armut lebend – all dies war dann doch zu viel. Der Künstler durfte nicht weiterarbeiten, und so blieb das Werk bis heute unvollendet.

Die Geschichte Kemptens beginnt links mit Mönch Theodor, der von St. Gallen kommend das heidnische Allgäu betritt, und endet rechts des Durchgangs mit Szenen aus den Napoleonischen Kriegen, der französischen Revolution und der Säkularisation, die zur Auflösung der Klöster führte. Die schreckliche Zeit des Dreißgjährigen Kriegs ist am unteren Bildrand dargestellt. In einem hatte der Künstler mit Sicherheit unrecht, wie man heute weiß: Anna Maria Schwegelin, die letzte Hexe, wurde nicht, wie auf seinem Gemälde dargestellt, verbrannt, sie wurde »nur« zu Gefängnis verurteilt.

Eine vollkommen skandalfreie, aber sehr ästhetische Darstellung der Kemptner Historie beziehungsweise der Stadt sieht man im Wasserbassin im Hofgarten, wo sie als farbenfrohes Mosaik dargestellt ist.

Adresse Justizbehörden Kempten, Residenzplatz 4–6, 87435 Kempten | Pkw B 12, in Kempten Richtung Stadtzentrum, rechts Sankt-Mang-Brücke, weiter zum Residenzplatz | Öffnungszeiten Mo–Fr 8–12, Mi 13.30–15.30 Uhr. Um die Taschenkontrolle zu vermeiden, sollte man angeben, dass man nur das Gemälde sehen möchte. | Tipp Die Tourist-Info bietet originelle Führungen an, wie zum Beispiel die »Erlebnis-Stadtführung: Ritter-Fürstabt-Hexe«.

51 Das Skyline-Restaurant

Im 13. Stock schlemmen und schauen

Triskaidekaphobiker und Amerikaner brauchen jetzt nicht weiterzulesen, denn es geht um den 13. Stock, und vor der Zahl 13 haben diese Leute eine höllische Angst.

Die Triskaidekaphobiker sind medizinisch anerkannte 13er-Paniker. Und wenn es nach den Amerikanern ginge, dann wäre das Skyline Restaurant nicht im 13., sondern im 14. Stock, zumindest offiziell, genauso wie in den Lufthansa-Fliegern die 13. Reihe die 14. Reihe ist. Italiener aber sollten auf jeden Fall weiterlesen, denn für sie ist die 13 eine Glückszahl.

Im Parkhotel Kempten ist man den goldenen Mittelweg gegangen. Man bekennt sich zur 13, aber schlafen muss hier keiner. Stattdessen ist im 13. Stock das Restaurant untergebracht. Eine weise Entscheidung! Denn hier hat man wirklich einen atemberaubenden Ausblick. Auf der einen Seite auf die Stadt mit der St.-Lorenz-Basilika, daneben die Residenz. Auf der anderen Seite verlaufen im Hintergrund die Alpen. Hotelgäste frühstücken oder dinieren hier, und auch Nichthotelgäste sind gerne gesehen. Etwas reduziert sachlich die Einrichtung, aber durchaus üppig das Frühstücksbuffet. Der Service ist ebenso superb wie der Ausblick. Verliebte können hier auch kulinarisch im siebten Himmel schweben und ein Candle-Light-Dinner mit glänzender Aussicht genießen. Sehr günstig und gut auch das Mittagsmenü. Am schönsten aber ist die Auffahrt ins »Skyline« mit dem Außenaufzug, Höhenängstliche können auch mit einem der beiden Innenaufzüge in den 13. Stock in 50 Metern Höhe gelangen.

Zurück zum Aberglauben: Von außen wirkt das Skyline wie eine quadratische vierzinkige Gabel, also wie ein Werkzeug, das im Mittelalter lange von der katholischen Kirche als Symbol des Teufels angesehen und deshalb als weibisch abgelehnt wurde. Luther sagte gar: »Gott behüte mich vor Gäbelchen.« Gott sei Dank sind Sie nicht abergläubisch …

Adresse Parkhotel Kempten, Beethovenstraße 5, 87435 Kempten, Tel. 0831/25275, www.parkhotelkempten.de | Pkw A7 Ulm–Füssen Richtung Kempten, an Kreuzung am Berliner Platz links, sofort rechts in Richtung Zentrum, über Illerbrücke immer geradeaus; von Lindau Ausfahrt Waltenhofen Richtung Kempten immer geradeaus bis Forum Allgäu, dort geradeaus in Königsstraße vorbei am Colosseum, bei Ampel rechts in die Beethovenstraße | Tipp Im Stadttheater Kempten in der Kronenstraße 45 hängt ein beeindruckender 200 Jahre alter Theatervorhang mit dem Motiv des Apoll und der tanzenden Musen. Und vor dem Theater kann man einen schwebenden Brunnen von Stephan Huber bestaunen. Jeweils zur vollen Stunde ergießt sich aus der Wolkenskulptur ein künstlicher Regenschauer. »Cumulus Cambodunum« heißt das Werk.

52 Das Wasserkraftwerk

32.000 Liter Bier pro Sekunde

Das Allgäu ist ja bekannt für seine Orte der Kraft. Ein solcher ist auch das Wasserkraftwerk in Kempten, nach acht Jahren Planung und Bauzeit in Betrieb genommen. Ein bisschen wie ein extraterrestrisches U-Boot wirkt die schneeweiße Anlage, die an der Iller vor Anker liegt. Anders als die anderen Kraftwerke ist dieses nicht quadratisch, praktisch, gut, sondern der Architekt ließ sich von einem Schleifstein aus einem Seitental der Iller inspirieren. Manch einer sieht auch eine gefrorene Welle oder eine Gletscherzunge in dem Gebäude. Drehfest (so heißt die Einweihungsfete bei Kraftwerken) war im Dezember 2009, zwei Jahre später erhielt es dann den deutschen Betonpreis, den schon das Mercedes-Benz-Museum in Stuttgart erhalten hat.

Laufkraftwerk nennt man ein Kraftwerk, das den natürlichen Lauf eines Flusses nutzt. Das Wasser wird durch ein Wehr gestaut, fällt nach unten und bringt durch sein Strömen eine Turbine in Bewegung, die einen Generator antreibt. Im Wasserkraftwerk in der Keselstraße arbeiten zwei Turbinen, die jeweils einen Nenndurchfluss von 32 Kubikmeter Wasser pro Sekunde, also von umgerechnet 32.000 Maß Bier oder 64.000 Flaschen Cola, haben, weshalb man auch vom Schluckvermögen einer Turbine spricht. Da das Wasser keinen Feierabend macht, kann seine Bewegungsenergie rund um die Uhr genutzt werden, und somit ist der Grundlastbedarf an Energie gesichert. Übrigens sind die Einzigen, die in dem Gebäude arbeiten, die Überwachungskameras.

Nicht nur von außen, auch von innen ist das Kraftwerk mit seiner kathedralenartigen Bogenarchitektur überaus eindrucksvoll. Die Bögen mussten jeweils einzeln berechnet werden, noch vor einem Jahrzehnt wäre das, ohne die heutige Computertechnologie, eine kaum zu bewältigende Aufgabe gewesen. Auch an die Fische wurde gedacht: Die schwimmen im Strömungskanal den 46 Meter langen und fünf Höhenmeter überwindenden Fischpass hoch.

Adresse Wasserkraftwerk, Keselstraße 14, 87435 Kempten, Tel. 0831/25219999 | **Pkw** B 12 Berliner Platz Richtung Zentrum, rechts Zentrum, an Kottener Straße rechts | **Öffnungszeiten** kostenlose Wasserkraftwerksführungen: April–Sept. Do 17.30 Uhr, Sa 9.30 und 11 Uhr, außer an Feiertagen, Dauer etwa 1 Stunde | **Tipp** Das große Gebäude gegenüber – heute sind hier Wohnungen – beherbergte einst die Mechanische Baumwollspinnerei Kempten. In dem denkmalgeschützten Industriekomplex waren zeitweise an die 2.000 Menschen beschäftigt. König Ludwig II. soll hier die Inspiration für die Mechanik seines Tischleindeckdich gefunden haben.

53__Die Fuggerpraline

Made in Bavaria

Als Erfinder der Praline gilt ein Minister des französischen Sonnenkönigs. Tatsächlich war es aber ein Bayer, jawoll, der die Praline in die Welt brachte.

Es begab sich im Jahr 1663, dass ein Fugger-Handelsherr seinen Patissier und Leibkoch mit zur Auftaktsitzung des »immerwährenden Reichstages« in Regensburg nahm. Zu dem politischen Kongress mit Vertretern der 350 deutschen Einzelstaaten und Fürstentümer reiste auch Herzog de Choiseul du Plessis-Praslin, Abgesandter von Ludwig XIV., dem Sonnenkönig, an.

Die langwierige Kongressarbeit sollte den Teilnehmern mit einer besonderen Spezialität, dem »Reichstagskonfekt«, versüßt werden. Einer Version der Geschichte zufolge kam dem Patissier der Fugger die zündende Idee zur Rettung des langweiligen Reichstagskonfekts aus Fondantmasse: Er überzog es mit der damals nur dem Adel vorbehaltenen, teuren, flüssigen Kuvertüre und verzierte sie obendrein mit der Fuggerlilie aus Blattgold. Einer anderen Version nach sollen einige der überzuckerten Nüsse und Mandeln in flüssige Schokolade gefallen sein. Und der Koch machte aus der Not eine Tugend. Er verkaufte den Unfall als spezielle Kreation und nannte sie »Praline« zu Ehren des französischen Vertreters Plessis-Praslin. Die neue Kreation fand reißenden Absatz und vermochte der Überlieferung nach »die gute Stimmung bei den Verhandlungen zu heben«. Bald waren die Pralinés an allen europäischen Fürstenhöfen beliebt.

An diese Praline erinnerte sich eines Tages der Kirchheimer Confiseur und Wirt des Landgasthofs Kreuz, der immer gut gelaunte Heinz Kusterer. Er recherchierte, fand alte Rezepturen und probierte aus. Heute kreiert er nach historischen Überlieferungen Pralinen. Die eigentliche Fuggerpraline besteht aus Nuss-Mandel und Gianduja mit Schokoladenüberzug, darauf eine mit Blattgold verzierte Orange-Marzipan-Lilie.

Adresse Confiserie im Landgasthof Kreuz, Hauptstraße 22, 87757 Kirchheim, Tel. 08266/1738, www.gasthof-kreuz.de | Pkw A 96 Lindau-Stuttgart, Ausfahrt Bad Wörishofen, links St 2015 nach Augsburg, nach links auf St 2025 bis Kirchheim, links Friedhofstraße | Tipp In der Pfarrkirche St. Petrus und Paulus findet man die Familiengruft Hans Fuggers. Das Hochgrab des 1598 gestorbenen Schlossherrn zeigt ihn in Prunkrüstung. Über dem Seitenaltar eine »Mariä Himmelfahrt« von Peter Paul Rubens. Der 58 Meter hohe Kirchturm ist bekannt für seine kuriose Turmuhr mit zwei getrennten Zifferblättern für Stunden- und Minutenanzeige.

54_Das Fuggerschloss

Zedernsaal der Rekorde

Ganz weit oben im schwäbischen Allgäu, da liegt ein Städtchen, das gehört tatsächlich noch zum Allgäu. Nur wenige Besucher verirren sich in den Zedernsaal des Fuggerschlosses, der seinesgleichen sucht.

Benannt ist der Saal nach der Libanon-Zeder, die in der legendären Holzdecke des Schlosssaales verarbeitet wurde. Weitere Hölzer: Eiche, Ahorn, Linde, Nussbaum, Buche, ungarische Rosenesche.

30 Meter ist diese Schnitzarbeit lang, zwölf Meter breit und zehn Meter hoch. Den Aufwand muss man sich mal vorstellen: 20 Italiener fertigten sie in siebenjähriger Arbeit, dann wurde sie in drei Monaten an einer Spezialkonstruktion an der Decke befestigt. Das Holz blieb naturbelassen, wurde also nicht eingefärbt – bis heute ist das Wunderwerk in dem Zustand, in dem es vor über 430 Jahren geschaffen wurde. Auch kaum zu glauben: Die Kassetten sind 1,80 Meter tief!

Das Programm der vielen tausend Ornamente und Figuren ist bis heute nicht wirklich entschlüsselt worden, die Masken sollten Böses abwehren, die Löwen stehen für Mut, die runden Scheiben für Fruchtbarkeit. Aber vielleicht gab es gar keinen tieferen Sinn, vielleicht wollten die Fugger nur eine schöne Decke in ihrem Schloss. Das Werk, deutsch-italienische Spätrenaissance, gilt als einmalig und als die schönste Renaissancedecke weltweit. Ein skurriles Stück ist auch der Sekretär an der Wand mit seinen 78 Schubladen. Da der Saal für seine einzigartige Akustik bekannt ist, finden hier regelmäßig Konzerte statt. Auch heute noch wird das Gemäuer von einer Dame aus dem Geschlecht der Fugger bewohnt! Bitte warm anziehen: Wegen der Zederndecke ist der Saal nicht beheizt.

Ach, noch etwas: Sollte sich irgendwo in der Ecke ein kleiner Junge mit einem Eimer roter Kirschen herumdrücken und mit ihnen um sich werfen, nicht erschrecken! Es ist nur Hugo, das Schlossgespenst, das tut nichts.

Adresse Fuggerschloss Kirchheim, Marktplatz 1, 87757 Kirchheim, Tel. 08266/860020, www.fugger-zedernsaal.de | **Pkw** A 96 München-Lindau Ausfahrt Mindelheim Richtung B 16 Pfaffenhausen, Abzweigung nach Kirchheim | **Öffnungszeiten** Zedernsaal: täglich 9–12 und 14–18 Uhr, Kirche und Park: täglich 9–18 Uhr | **Tipp** Im Sommer finden im Schloss alljährlich renommierte Konzerte statt.

55 Die Reliquien

Die Heiligen aus den Katakomben

Die Nachfrage nach Heiligengebeinen war in der Zeit zwischen dem 16. und 19. Jahrhundert größer als das Angebot. Obwohl die »Originalteile« der Heiligen bis zum Gehtnichtmehr zerkleinert wurden und sogar alles, was mit dem Körper der oder des Heiligen je Kontakt hatte, als Reliquie galt, es half alles nichts: Irgendwann war der Markt leer gekauft.

Besonders erfinderisch zeigte man sich in der Barockzeit, als man nach all dem Leiden und Sterben des Dreißigjährigen Kriegs eine schöne, sinnliche Welt herbeisehnte. Nun muss in katholischen Kirchen im Altar grundsätzlich eine Reliquie eingemauert sein. Während des Barocks mauerte man sie aber nicht ein, sondern drapierte sie schön auf dem Altar. Kleine Knöchelchen wurden mit einem Kunstskelett aus Holz oder Wachs zu einem kompletten »Heiligen« und dieser aufs Prachtvollste ausgestattet, selbst über die knöchernen Finger wurden noch »Fingerringe« gezogen.

Woher kamen aber nur all diese Heiligen? Aus römischen Katakomben, weswegen sie auch »Katakombenheilige« hießen. Die Skelette, die man bei Bauarbeiten in Rom gefunden hatte, wurden flugs zu Gebeinen von Märtyrern erklärt, die für ihren Glauben gestorben waren und mit einem Heiligennamen »getauft«, auf dass man sie in alle Welt verkaufen konnte.

Auch Kißlegg hat sich seinen Teil an Heiligen gesichert: Amatus (asketischer Schweizer), Clemens (Nachfolger von Petrus), Constantia (Tochter Konstantins des Großen) und Severinus (der dritte überlieferte Bischof von Köln) wurden mit barockem Pomp in die Pfarrkirche St. Gallus und Ulrich überführt, wo sie heute noch aufs Schönste herausgeputzt in ihrer gläsernen Vitrine liegen.

Ums Jahr 1860 kam der schwunghafte Versandhandel mit Gebeinen zum Erliegen. Die Reliquien, die einst auch einen hohen materiellen Wert besaßen, besitzen heute höchstens noch einen ideellen.

Adresse Pfarrkirche St. Gallus und Ulrich, Klosterhof, 88353 Kißlegg | **Pkw** A 96 Lindau-Stuttgart, Ausfahrt B 465 Leutkirch-West, links B 465 Bad Wurzach, nach links K 7905 Richtung Kißlegg, nach rechts auf K 7902, in Kißlegg rechts in Herrenstraße | **Tipp** Das neue Schloss in Kißleg ist an sich sehenswert, darüber hinaus beherbergt es noch ein Heimatmuseum, das wie eine Puppenstube anmutet, und das Museum Rudolf Wachter mit moderner Holzbildhauerei.

56 Der Heilige Stein

Ayers Rock des Allgäus

So richtige Überbleibsel der Geschichte gibt es erst, seit das Christentum Einzug in unsere Breiten gehalten hat. Viel ist nicht von der Zeit zuvor erhalten geblieben außer der mündlichen Überlieferung. Und die berichtet von einem geheimnisvollen Stein mitten im Wald auf einer Bergkuppe zwischen Waltershofen und Merazhofen. Der gewaltige, 39 Tonnen schwere Findling, »Heiliger Stein« genannt, wurde vom würmeiszeitlichen Gletscher aus den Alpen hierher gewälzt.

Die örtliche Überlieferung berichtet von Waltershofenern, die sich hier im Dreißigjährigen Krieg zur Messe versammelt haben, nachdem die Schweden 1632 das Land verwüstet und die Dorfkirche zerstört hatten. Auch sollen sie sich während des Krieges am Heiligen Stein mit ihrem ganzen Hab und Gut, samt ihrem Vieh, verschanzt haben. Und noch eine dritte Legende gibt es: Der Heilige Stein soll sich von selbst heben, wenn am Karfreitag um 12 Uhr die Kirchenglocken läuten. Und dann, ja, wer sich dann am Heiligen Stein befände, der könnte den Schatz heben, der seit Jahrhunderten darunter ruht.

Um außergewöhnliche Steine, große und stattliche oder irgendwie merkwürdig gewachsene Bäume und um Quellen ranken sich seit Bestehen der Menschheit Mythen und Sagen, in allen Kulturen und rund um den Globus. Beim Heiligen Stein ist das ebenso. Auffallende Steine oder Felsen wurden und werden als Kultorte verehrt. Geologen sprechen bei dieser Art von einzelnem Felsbrocken von einem Findling, der auch Erratischer Block oder Erratiker genannt wird. Der Waltershofener Steinexzentriker wurde während der Würmeiszeit durch den Rheingletscher aus den Alpen an seinen heutigen Standort transportiert. Und das bei einer Größe von zwei mal fünf Metern! Kein Wunder, dass er wirkt wie von Riesenhand dahin bewegt. An dieser mystischen Stelle sind oft die einen oder anderen »Opfergaben« wie Früchte, Steine oder Pflanzen zu finden.

Adresse Albvereinsweg im Tannenwald zwischen Waltershofen und Sigrazhofen, 88353 Kißlegg (Waltershofen) | **Pkw** A 96, Ausfahrt Leutkirch-Süd, links Richtung Gebrazhofen, am Kreisverkehr 4. Ausfahrt, K 7905, in Merazhofen bei der Kirche die Anhöhe hinauffahren, kurz vor Ortsende und vor dem Bolzplatz parken; 600 Meter auf dem Landwirtschaftsweg (rotes Kreuz, Albvereinsweg) der Beschilderung »Zum heiligen Stein« folgen | **Tipp** Wenige Autominuten entfernt liegt inmitten sanfter grüner Hügel beim Örtchen Immenried das Wander-, Radel- und Naturparadies »Kißlegger Seenplatte« mit seinen sieben Seen.

57 Das Behelfsheim

Wohnraum für die Volksgenossen

Normalerweise findet man in Freilichtmuseen wie in Illerbeuren historische Bauernhöfe. Sie dienen nicht nur zur Unterhaltung, sondern sollen auch Wissen vermitteln, da sie »architektur- und sozialgeschichtliche Einrichtungen« sind. Die Idee des Freilichtmuseums stammt ursprünglich aus Skandinavien, bei uns kennt man sie seit den 1950er Jahren. Sie sind schlicht und ergreifend begehbare historische Lebensräume des einfachen Volkes.

Ein Schwertransporter beförderte im Juli 2011 einen solchen historischen Lebensraum nach Illerbeuren, der so gar nicht ins Bäuerliche passen will: ein »Behelfsheim«, wie es sie in den Jahren 1943 bis 1950 in fast allen Ortschaften gab. Heute sind nur noch wenige erhalten. Die Gebäude waren nur als Provisorium gedacht und entsprechend leicht gebaut. Spätestens 1944 musste jedes Dorf ein »Behelfsheim« für ausgebombte Familien errichten.

Das Haus in Illerbeuren wurde als Notunterkunft gegen Ende des Zweiten Weltkriegs gebaut, nachdem Augsburg immer heftigeren Luftangriffen ausgesetzt war und nach der verheerenden Bombennacht vom Februar 1944 in Trümmern lag. Im Vergleich zu anderen Notunterkünften für Ausgebombte ist dieses Behelfsheim sehr stattlich und bot seinen Erbauern, die bis 1960 das Haus bewohnten, einen gewissen Komfort.

1960 zog ein Fotograf ein, der das Häuschen bis zu seinem Tod im Jahr 2009 bewohnte und gleichzeitig als Atelier nutzte. Die heutige Inneneinrichtung stammt nicht aus dem Originalhaus, aber aus der damaligen Zeit, selbstverständlich hängt auch Hitler an der Wand. Er war es auch, der am 9. September 1943 verfügt hat, dass das Deutsche Wohnungshilfswerk (DHW) eingerichtet werden sollte, um für seine ausgebombten deutschen »Volksgenossen« einen Übergangswohnraum zu schaffen. Behelfsheime in Kleingartenanlagen durften später bewohnt werden, solange der ursprüngliche Pächter dort lebte.

Adresse Schwäbisches Bauernhofmuseum Illerbeuren, Museumstraße 8, 87758 Kronburg (Illerbeuren), Tel. 08394/1455, www.bauernhofmuseum.de | **Pkw** A 96 Ausfahrt Aitrach, links St 2009, links MN 20 Richtung Lautrach–Illerbeuren | **Öffnungszeiten** Di–So März 10–16 Uhr, April–15. Okt. 9–18 Uhr, 16. Okt–30. Nov. 10–16 Uhr, Dez–6. Jan. 13–17 Uhr, Mo geschlossen, außer an Feiertagen | **Tipp** Im Museum steht auch die Kutsche von Sebastian Kneipp, ein Gefährt, wie es damals gerne von Ärzten gefahren wurde.

58 __ Das Flachsfeld

Als die Wiesen grün geworden

Jetzt mal ganz ohne Flachs: Hätten die in den USA nicht die Baumwolle erfunden, dann würden auf den Büchern über das Allgäu wohl kaum laufend Kuhköpfe abgebildet werden. Auch nicht auf dem vorliegenden. Und – man mag es sich nicht vorstellen – den köstlichen Allgäuer Käse gäbe es auch nicht! Denn bis in die Mitte des 19. Jahrhunderts wurde im Allgäu Flachs angebaut und weiterverarbeitet.

Als dann aus Amerika die billige Baumwolle auf den Markt kam, waren die Allgäuer nicht mehr konkurrenzfähig und verarmten. Viele wanderten aus. Eine Zeit des Elends. Bis Carl Hirnbein (1807–1871) die Bühne betrat, der »Patriarch des Allgäus«, der »Notwender, Zwingherr und Alpkönig«, wie der Priester und Heimatdichter Peter Dörfler die drei Bände seiner Hirnbein-Biografie betitelte.

Hirnbein hatte zuerst Emmentaler produziert, der ihm zwar gelang, aber zu aufwendig in der Herstellung war. Alsdann wollte er einen Limburger herstellen, was aber erst glückte, als sein Buchhalter akribisch in zehn Punkten genau notierte, wie man ihn in gleichbleibend hoher Qualität herstellt. Hirnbein expandierte, sein Bedarf an frischer Milch stieg. Und weil Milch nun mal von Kühen kommt und diese Gras fressen, wurde aus dem Allgäu die Landschaft, die wir heute kennen. Hirnbein war es auch, der mit dem Grüntenhaus 1854 das erste Hotel in den Allgäuer Alpen eröffnete. Er legte somit den Grundstein für den Fremdenverkehr, der ein wesentlicher Wirtschaftsfaktor der Region wurde. Ach, den ersten Fremdenverkehrsprospekt hat er ebenfalls drucken lassen.

Übrigens: Der Ausdruck »flachsen« geht auf das Scherzen und Spaßen zurück, mit dem sich die Allgäuerinnen bei der anstrengenden und etwas eintönigen Arbeit des Flachserntens gegenseitig unterhielten. Heute gibt es nur noch ein einziges Flachsfeld im Allgäu: Es ist im Sommer in Illerbeuren von der Brücke bei den Musterfeldern des Bauernhofmuseums zu sehen.

Adresse Galgenbergstraße, Überführungsbrücke, 87758 Kronburg (Illerbeuren), Tel. 08394/1455 | **Pkw** A 96 Ausfahrt Aitrach, links St 2009, links MN 20 Richtung Lautrach–Illerbeuren | **Öffnungszeiten** Di–So März 10–16 Uhr, April–15. Okt. 9–18 Uhr, 16. Okt.–30. Nov. 10–16 Uhr | **Tipp** Westlich vom Museum thront eines der schönsten Renaissanceschlösser Bayerns, Schloss Kronburg, malerisch auf 750 Metern Höhe über dem idyllischen Illerwinkel.

59 Die schöne Coletta

Kunst im Schützenmuseum

Es begab sich an einem Septembertag des Jahres 1860, dass ein Mädchen geboren wurde, das auf den Namen Nicoletta getauft wurde. Ihre Mutter zog mit der Kleinen nach München und ließ sie bei den Armen Schulschwestern zur Schule gehen. Nicoletta wuchs heran und entwickelte sich zu einem sehr hübschen, sehr lebenslustigen Geschöpf.

Nach der Schule fing sie als Biermadl, als Zuarbeiterin der eigentlichen Kellnerinnen, im Münchner Sternecker Bräu an (einst im Tal 54). Hier soll sie auch die »Fangkommission«, die die Entmündigung von König Ludwig II. plante, bedient haben. Und hier sah sie das Künstlerauge Friedrich August von Kaulbachs, der sie entzückt auf der Stelle skizzierte und dann in seinem Atelier in der Schwanthalerstraße als Schützenliesl malte: mit einer Schützenscheibe auf dem Kopf, mit einem Bein auf einem Fass balancierend und neun Bierkrügen in den Händen. Coletta selbst wagte sich nicht in sein Atelier, Schwanthalers Ruf war halt nicht der allerbeste … Dieses merkwürdige Motiv wurde weit über die Grenzen Bayerns, fast weltweit, bekannt. Alsbald gab es auf dem Münchner Oktoberfest ein eigenes Zelt »Zur Schützenliesl«, berühmt und berüchtigt für seine freizügige Darstellung der Nicoletta, genannt Coletta. Besonders skandalös: Die junge Frau war auf dem Gemälde in Lebensgröße zu sehen, etwas, was bis dahin nur dem Hochadel vorbehalten war.

Der Kunst folgte der Kommerz in Form von Bierkrügen, Pfeifenköpfen, Aschenbechern und anderen Souvenirs. 1882 wurde von der Brauerei Münchner Kindl die Darstellung als geschütztes Warenzeichen eingetragen. Gut 25 Jahre nach dem ersten Bild sollte Kaulbach das Motiv nochmals malen, diesmal als Schützenscheibe. Er, der all die Jahre nicht einen Pfennig an der Vermarktung verdient hatte. Und so malte er die Schützenliesl als die Liesl, die man heute hier sieht: nämlich als »Die alte Liesl«.

Adresse Schützenmuseum, Museumstraße 8, 87758 Kronburg (Illerbeuren), Tel. 08394/1455, www.bauernhofmuseum.de | **Pkw** A 96 Ausfahrt Aitrach, links St 2009, links MN 20 Richtung Lautrach – Illerbeuren | **Öffnungszeiten** Di – So März 10 – 16 Uhr, April – 15. Okt. 9 – 18 Uhr, 16. Okt. – 30. Nov. 10 – 16 Uhr | **Tipp** Empfehlenswert ist der Museumsgasthof Gromerhof, vorausgesetzt, man findet einen freien Tisch.

60 Die Biberbäume

Mein Freund, der Baum, ist tot

Er schafft wahre Wunderwerke und kann seine Umgebung in einer einzigen Nacht vollkommen verändern, so schreibt Hope Ryden in seinem Buch »Biberlilienteich«, über das Familienleben einer bedrohten Tierart. Und die Süddeutsche Zeitung betitelte am 11. April 2013 ein Bild des Biberbaums eindeutig als einen Fall von »hoher Nager-Kunst«. Wegen seines wertvollen Pelzes und seines Drüsensekrets, »Bibergeil« genannt, wurde der Biber weltweit gejagt. Weiterhin hat des Bibers Schwanz Schuppen, woraufhin der Nager im Mittelalter per Papstedikt zur Fastenspeise erhoben wurde, da er als »Fisch« ja gegessen werden durfte.

1867 galt der Biber in Bayern als ausgerottet. Es war nicht einfach, Familie Castor hier wieder anzusiedeln, doch mittlerweile sollen es wieder an die 15.000 Familienmitglieder allein in Bayern sein. Damit hat der Süden deutschlandweit in Sachen Biberpopulation die Nase ziemlich weit vorne, aber inzwischen sind die Tiere in fast allen Bundesländern heimisch. Wie die Bayern ja auch ein kelto-romanisch-römisch-germanisches »Mischvolk« sind, so geht auch der hier lebende Biber auf Einbürgerungen von Artgenossen mit gemischt-europäischem Migrationshintergrund zurück.

Der Biberbaum von Lengenwang erlangte durch ein Bild in der Süddeutschen Zeitung einige Berühmtheit. Und doch sollte ihm kein langes Leben beschieden sein, ein halbes Jahr später war er gefällt und zu Brennholz verarbeitet. Doch Bürgermeister Josef Keller aus Lengenwang weiß zu berichten, dass es sich der Biber an sich in der Gegend sehr gemütlich gemacht habe, weit verbreitet sei und in vielen Gewässern heimisch.

Und so kann sich jeder sein eigenes Stück Biberkunst suchen – einfach die Einheimischen nach dem nächsten Biberbaum fragen … Denn ewig nagt der Biber, nicht nur am Lengenwanger Mühlbach. Gab es doch den Biber, der sich nach einer Fressorgie mitten in Buchloe dort ein Nickerchen gönnte.

Adresse 87663 Lengenwang und Umgebung | Pkw A 96, Ausfahrt Jengen/Kaufbeuren, rechts B 16 Marktoberdorf, auf St 2008 | Tipp Weitere schöne Biberbäume stehen in Seeg direkt an der Lobach Richtung Seeg vor der Tankstelle.

61 Der Bürgerbahnhof

Wo schon Königin Elisabeth übernachtete

Es gibt Hauptbahnhöfe, Kopfbahnhöfe, Rangierbahnhöfe, Güterbahnhöfe, Hoch- und Tiefbahnhöfe, Nord- und Südbahnhöfe und neuerdings auch einen Bürgerbahnhof. Seit der Stilllegung der Strecke nach Isny ist Leutkirch kein Verkehrsknotenpunkt mehr. Im Bahnhofsgebäude gibt es keinen Fahrkartenschalter und auch kein Stellwerk.

Die Geschichte des Leutkirchner Bahnhofs begann Punkt 9 Uhr am Sonntag des ersten September 1872, als die Bewohner des Ortes gleichzeitig mit dem Jahrestag der Schlacht von Sedan die Bahnhofseröffnung feierten. »Nach langem Sehnen und Harren ist unser gesegnetes Allgäu mit demjenigen Verkehrsmittel beglückt worden, dem in unseren Tagen eine so großartige, bahnbrechende Bedeutung zukommt. Mit Freuden begrüßen wir den ereignisvollen Tag, da das schnaubende Dampfross zum ersten Mal unsere Täler durcheilt«, so hieß es damals in einer Rede. Fast 100 Jahre später gab sich eine königliche Hoheit die Ehre: König Elisabeth von England verbrachte hier die Nacht vom 20. auf den 21. Mai 1965 im königlichen Sonderzug.

Weitere 47 Jahre später wurde dann am 23. April 2012 der neue Bürgerbahnhof eingeweiht. Ein Meilenstein in der Stadtgeschichte. Denn nach Jahrzehnten des Verfalls hatten die Bürger in einer Genossenschaft das Gebäude übernommen und restauriert. Inzwischen residiert hier eine Vielfalt von Firmen: eine Gastwirtschaft, sieben Medien- und Designerfirmen und ein Informationszentrum »Nachhaltige Stadt Leutkirch«. Für dieses Bahnhofs-Prunkstück haben 695 Mitglieder 1.111.000 Euro und mehrere tausend ehrenamtliche Stunden beigesteuert! 99 Jahre wird der Bahnhof in Bürgerhand sein. Die moderne Sanierung mit viel altem Bahnhofsflair (Schaukästen mit Mützen, Kellen, Stationslampen, alten Uniformen und Schildern) honorierte die Denkmalstiftung Baden-Württemberg mit der Auszeichnung »Denkmal des Monats April 2012«.

Adresse Bahnhof 1, 88299 Leutkirch | **Pkw** A 96 Lindau-Stuttgart, Ausfahrt Aichstetten, nach rechts L260 Richtung Lindau, in Leutkirch nach rechts auf L 260, Wurzacher Straße | **Tipp** Den Gestank von früher, als im Gerberviertel noch Häute bearbeitet wurden, gibt es nicht mehr. Aber dafür noch die Holzbalkone, die sogenannten Altanen, sonst selten in Stadtkernen. Auf ihnen trockneten einst die Lederstücke.

62 Die Villa Alwind

Vom Löwen bewacht, Garten und Villa eine Pracht

Langweiliger könnte der Name eines derart feudal-herrschaftlichen Anwesens mit Park nicht lauten: »ErholungsWerk Post Postbank Telekom e. V.«. Anno 1455 ließ ein Lindauer namens Johann von Höst ein burgähnliches Schlösschen, sein Alwind, errichten. Nach diversen adligen Herren wie derer von Montfort oder Johann Baptist Ritter von Spix (1781–1826) wurde an der Stelle des alten Schlösschens die heutige Villa 1852/1853 im klassizistischen Stil erbaut. Mehr als fünf Jahrzehnte ein unbewohntes Geisterschloss, wurde die Villa unter der sogenannten König-Ära in den Sommermonaten 1905 bis 1912 zum Mittelpunkt des gesellschaftlichen Lebens in Lindau. Gastgeber war Leopold König, Sohn des als »Zuckerkönig« in Russland bekannt gewordenen Leopold I. So feudal sich sein Name anhört, so pragmatisch war Leopold I., denn der ehemalige Zuckersieder aus einer deutschen Bauernfamilie brachte es in der Ukraine durch Zuckerrübenanbau zu Reichtum.

Nach dem großen Vorbild, dem Hafen von Lindau, entstand Anfang des 20. Jahrhunderts der Alwinder Hafen mit zwei Molen und einer Löwenstatue. Ein Traum von einem Anwesen wurde die Villa aber erst durch ihren Garten, den ein gewisser Dr. Paul Beckmann ab 1924 anpflanzen ließ. Statt des Rebhangs ließ er einen barocken Gartentraum mit Blumenbeeten und exotischen Bäumen wie der Sumpfzypresse, dem Japanischen Kuchenbaum oder dem Amerikanischen Tulpenbaum anlegen.

Ab 1942 wurde der Gebäudekomplex von der Deutschen Post AG, die 1937 Grund und Boden erwarb, als Erholungsheim für weibliche Postangestellte genutzt. Nach dem Zweiten Weltkrieg ging die Anlage an die französischen Besatzungstruppen und gelangte 1951 in den Besitz der Deutschen Bundespost zurück. Die Villa und der Park stehen seit 1952 unter Denkmalschutz. Nichtpostler dürfen seit Neustem in der Villa ins Restaurant und in den Park, sehr empfehlenswert!

Adresse Café Villa Alwind am See, Alwindstraße 18–20, 88131 Lindau (Schachen), Tel. 08382/2802080 | **Pkw** in Lindau am Kreisverkehr 2. Ausfahrt Richtung Nonnenhorn, am Kreisverkehr Wackerstraße, Schachener Straße, links Alwindstraße | **Öffnungszeiten** Mi–Mo Kaffeezeit mit Kuchen und Torten 14–18 Uhr, Abendessen 18–21 Uhr | **Tipp** Ums Thema »Schöner wohnen« geht's auch in der Einrichtungslounge in der Jugendstilvilla Rosenhof in der Friedrichshafener Straße 57 in Lindau-Aeschach. Hier sind als Anregung unterschiedliche Wohnsituationen und -dekorationen zusammengestellt.

63 Die Stadt der Hüte

Chapeau!

Tragen nicht alle wichtigen Männer, oder zumindest die, die sich dafür halten, eine Kopfbedeckung? Mao Tse-tung, Che Guevara, Helmut Schmidt, der Papst, Generäle, der Kaiser von China und Tutanchamun sowie Luis Trenker (sein Hut ist im Museum).

Erinnern Sie sich an das merkwürdige Gestell, das Beatrice Mountbatten-Windsor 2011 bei der Trauung von Kate und William trug? Die Süddeutsche Zeitung nannte es eine Empfangsstation für extraterrestrische Störsignale. Mountbatten gehört zu der Spezies »Fascinator-Träger«. Ganz pragmatisch waren Kopfbedeckungen einst wichtig, weil der Mensch die meiste Wärme über den Kopf abgibt.

Die Lindenberger kamen über den Rosshandel zur Hutflechterei. Im 16. Jahrhundert schaffte einer der Rosshändler auf Geschäftsreise aufgrund schlechter Witterungsverhältnisse (nach einer anderen Version aufgrund von Krankheit) nicht mehr den Rückweg über die Alpen und musste in Florenz übernachten. Dort nutzte er die Wartezeit, um das Flechten von Strohhüten aus Getreidehalmen zu lernen. Und von nun an flochten auch die anderen Dorfbewohner den Florentiner, den wagenradgroßen Hut.

Am Anfang fertigten sie nur Hüte für den eigenen Gebrauch, aber bereits 1890 gab es 34 Strohhuthersteller. Sie stellten circa acht Millionen Strohhüte im Jahr her; Anfang des 20. Jahrhunderts galt Lindenberg als Zentrum der deutschen Herrenstrohhutindustrie, als das »Klein-Paris« der Hutmode.

Zwei Weltkriege und der Siegeszug des Automobils, das Kopfbedeckungen überflüssig machte, sorgten für einen Rückgang in der Hutindustrie. Bis dann ein Charismatiker aus den USA der Hutmode endgültig den Garaus machte: John F. Kennedy, der sich »oben ohne« fotografieren ließ und sich selbst vom Vorstandschef der amerikanischen Hutindustrie nicht dazu bewegen ließ, einen Hut zu tragen. Dabei hatten die Hersteller so auf ihn gehofft.

Adresse 88161 Lindenberg (Neueröffnung Hutmuseum Lindenberg im Herbst 2014 auf dem Gelände der ehemaligen Hutfabrik Reich, Sonnenstraße) | Pkw A 96, B 32 Richtung Wangen-West, in Lindenberg ab Hauptstraße Richtung Sonnenstraße | Tipp Am Hutmacherplatz werden in Lindenbergs letzter Hutfabrik, der Firma Mayser GmbH & Co. KG, die berühmten Mayer-Hüte hergestellt und verkauft. Auch bei Steiner-Hüte in der Hauptstraße gibt es edle Kopfbedeckungen.

64 Der Skulpturenweg

Spinnennetz aus Rost und Bank mit Spannung

Eine rote Dirndlbluse, Dirndlschürze und Lederhose hängen am Wegesrand, und das im so ordentlich und aufgeräumt wirkenden Allgäu. Nun, hier handelt es sich um Kunst, und die darf fast alles. Es ist ein bequemer Nachmittagsschlender-Spaziergang zu den 16 Skulpturen aus Stein, Holz und Metall und den zwölf Textstelen. »Ohne Titel« liegt zum Beispiel Skulptur Nummer zwei da, eine Holzkugel aus Meterware Fichtenholz. Mit ihrer Rundung soll sie die Faszination geschlossener Schönheit offenbaren. Übers Runde an sich nachdenken kann man gut auf der Skulptur Nummer drei, einer Bank. Die ist natürlich auch Kunst und verbindet »figürlich gestaltetes Eichenholz« mit grob behauenem Stein. Dabei soll besondere Spannung aufgebaut werden, also: nichts mit Entspannung auf dieser Bank!

Jeder hat hier so seine eigenen Favoriten. Besonders gut kam das »Spinnennetz« an, ein drei mal drei Meter großes zwischen zwei Telegrafenmasten gesponnenes Netz aus rostendem Stahl. Rost, weil der wie ein Spinnennetz ja auch nicht ewig hält. Auch faszinierend und von flirrender Leichtigkeit: die Wolkenfänger, Spiegel auf Baumstämmen, die die Wolken, den Himmel und uns selbst spiegeln. Skulptur elf »FonLuc« ist ein 260 Jahre alter, in Kriegen »verwundeter« Eichenstamm, in dem ein fast frei schwebender, ballonförmiger Tropfen »zum Licht aufsteigt«. Die Skulptur »Samen« besteht aus zwei aufgebrochenen Gletscherfindlingen, versehen mit archaischen Zeichen und Bienenwachseinlagerungen. Der Künstler, Max Schmelcher, hat sie bewusst unter Eschen gelegt, denn die Esche gilt in der germanischen Mythologie als Weltenbaum Yggdrasil und Feuerspender der Menschen. In der germanischen Mythologie wurde aus der Esche gar der Mann geschaffen, die Frau dazu übrigens aus der Ulme. Höhepunkt des Weges ist die meditative, sakral anmutende Komposition »Hinter der Zeit«, 14 Steinsäulen und zwei Wandtafeln aus Jurakalk.

Adresse Beginn des Weges: Rathaus, 88167 Maierhöfen | **Pkw** A 96 Lindau-Stuttgart, B 12 Jegen/Kaufbeuren, nach rechts A 7/E 532, A 980/B 12 links Richtung Argen, Langfeldhof, links Hasenbergstraße, Neppen, rechts Ibergweg; vom Rathaus führt der Weg (4,7 Kilometer) links entlang der Hauptstraße bis zum Abzweig Reute in Richtung Steinwerkstatt Schrade | **Tipp** Der Tobel (ein schluchtartiges, bewaldetes Tal) unterhalb des Parkplatzes kurz hinter der Argentobelbrücke ist im Sommer ein kühles Badeparadies. Im Winter geht man auf eigene Gefahr hinunter und wird mit bizarren Eisformationen belohnt.

65__Das Fendt Forum

Resi, i hol di mit meim Traktor ab

Muss irgendwie in den Genen liegen: Xaver im Shop des Fendt Forums ist gerade mal fünf Lenze alt, und doch – wie Mutti und Papi beteuern – schwärmte der Filius schon mit zwei Jahren von den Fendt-Traktoren. Gefragt, was er denn hier am liebsten machen würde, meinte Xaver – der mal Bauer werden möchte –: »Einen Haufen Geld mitnehmen und einen Traktor mit Doppelreifen kaufen.« Und Kilian, ein paar Lenze älter, hat sich einen kleinen Traktor gewünscht, zum Geburtstag, zu Weihnachten und zur Kommunion zusammen – immerhin kostet der Hightech-Traktor mehrere hundert Euro.

Höhepunkt im Fendt Forum sind jeden Sommer zwischen Juli und Anfang September die Fendt-Holiday-Weeks mit Programmen wie einem Tretschlepper-Parcours über Miniaturbauernhöfe bis hin zum ferngesteuerten Fendt-Traktor. Und dann gibt's noch die Fendt-Factory-Tours durchs Werksgelände, stilgerecht gezogen von einem Fendt 211 Vario. Hier leuchten Männeraugen (und oft auch Frauenaugen) garantiert! Also merke: Zu den 100 Dingen, die man einmal im Leben getan haben sollte, gehört unbedingt: einmal hoch oben in circa zwei Metern Höhe auf einem Traktor gesessen zu haben! Landkinder, die damit fahren durften, vergessen das nie.

Man muss sich das mal vorstellen: Für ein einziges Brot müssen 16.000 Getreidekörner geerntet werden. Vor 100 Jahren ernährte ein Landwirt vier Menschen, heute sind es 131 Menschen. 38 Prozent der Bevölkerung arbeiteten damals in der Landwirtschaft, heute sind es 1,6 Prozent. Technik wie die in den Fendt-Traktoren macht es möglich. Wer unbedingt mal so einen schönen alten Oldtimer-Traktor wie aus den alten Heimatfilmen fahren möchte, der kann sich im nahe gelegenen Nesselwang einen mieten. Voraussetzung: technisches Verständnis und gute Auffassungsgabe, Mindestalter 25 Jahre, Pkw-Führerschein seit mindestens fünf Jahren. Mindestgröße 1,65 Meter, Traktorerfahrung nicht erforderlich.

Adresse Fendt Forum, Micheletalweg 14, 87616 Marktoberdorf | Pkw über die A 96 (nördlich) beziehungsweise A 7 (südlich) und die B 12 erreichbar, Parkplätze direkt am Fendt Forum | ÖPNV Bahnstrecke Kaufbeuren-Füssen, vom Bahnhof Marktoberdorf circa 15 Gehminuten bis zum Fendt Forum | Öffnungszeiten Forum, Shop und Restaurant: Mo–Fr 10–16 Uhr | Tipp Beim Schloss beginnt die Kurfürstenallee, eine zwei Kilometer lange, an die 200 Jahre alte Allee mit 630 eng gepflanzten Linden. Eigentlich hätte sie eben verlaufen sollen, aber trotz aller Bemühungen ließ sich der leicht hügelige Streckenverlauf nicht begradigen.

66 Der Allgäu-Laden

Häs und Kässpatzen to go

Urig-zünftig ist die Hütte mitten in Memmingen. Zumindest von innen, wo alles rund ums Allgäu verkauft wird. Fesche Dirndl für die Allgäuer Mädle, Lederhosen für die Buam oder den Lausbuam, Glogs mit Kuhhaut überzogen und Regale voller T-Shirts mit allgäu'rischem Aufdruck. »Griaß di«, »Nix is so schleacht, dass es it für ebbes guat wär«, »Basst schon«, »S'isch halt so« (beliebtes Diskussionsende im Allgäu). Selbst USA (Unser schönes Allgäu)-Shirts gibt es.

Neben dem Häs (Kleidung) wird hier auch hervorragender Käs, am allerbesten in Form von Käsespätzle, verkauft, dem »Heileit« des Ladens. »Dia schmecka!« lautet das kundige Memminger Spätzleurteil. Klein, mittel und groß gibt's die Leibspeise im Pappbecher zum Mitnehmen oder zum auf dem Holzstamm zünftig im Laden sitzen und essen. Emmentaler, Alpkäse und Bergkäse kommen rein. Wobei die beiden Letzteren sich dadurch unterscheiden, dass der Alpkäse aus der Milch von Kühen gemacht wird, die auf der Alp weiden, und dass diese Milch an Ort und Stelle in handwerklicher Tradition verkäst wird. Der Alpkäse wird nur in der Zeit produziert, zu der die »Milchproduzenten« oben auf den Alpwiesen weiden (im Allgäu heißen die Almen übrigens Alpen). Bergkäse hingegen ist Käse aus einem Berggebiet oder von einer Alp, wobei 70 Prozent des Futters aus einem Berggebiet stammen müssen. Lobend erwähnt werden muss, dass neben Heilemann (Schokoladenmonde) der Allgäu-Laden das einzige Geschäft in Memmingen ist, in dem ein Souvenir zum Memminger Mau (dem Memminger Mond) aufzutreiben ist: ein T-Shirt mit dem Mond. Und wer im Urlaub in den Süden fliegt, findet hier den Bikini im Trachten- und die Bermuda im Lederhosenlook. Für die daheimgebliebenen Buam gibt's den traditionellen Arbeitsschuh der Alpenbevölkerung: den Haferlschuh. Wer einen Allgäu-Geschenkkorb sucht, der kann ihn sich hier zusammenstellen lassen.

Adresse Allgäu-Laden, Häs & Käs, Maximilianstraße 9, 87700 Memmingen, Tel. 08331/9913304 | **Pkw** A 96 Lindau-Stuttgart, Ausfahrt Memmingen-Ost, rechts St 2013 nach Memmingen, am Kreis St 2013 die 2. Ausfahrt nehmen, Münchner Straße, links abbiegen, Kohlschanzstraße, Bahnhofstraße, rechts Maximilianstraße | **Öffnungszeiten** Mo–Fr 10–18 Uhr, Sa 9–14 Uhr | **Tipp** Im Gründerzeitbau der Alten Post in der Bahnhofstraße 1, heute Mewo Kunsthalle, finden originelle und spektakuläre Kunstausstellungen und auch Konzerte statt.

67__Der Alte Friedhof

Barocke Pracht und Judenfriedhof

Es scheint so zu sein, dass in Memmingen manch finstere Vergangenheit noch nicht ganz verarbeitet ist. Bei der Frage, wo denn der Judenfriedhof genau sei, verweist eine ältere Dame auf den Alten Friedhof, der sei der jüdische Friedhof, der und kein anderer. Tatsächlich waren die prächtigen Grabhäuser auf dem Alten Friedhof die Gräber von Patriziern. Juden wurden nicht auf einem christlichen Friedhof bestattet.

Erst um 1870 siedelten sie sich wieder in der Stadt an (sie waren im Mittelalter vertrieben worden). Für sie wurde ab 1870 ein eigener Friedhof errichtet. Der existiert heute noch, ist abgesperrt, kann aber im Rahmen von Führungen besichtigt werden. Er liegt ganz in der Nähe des Alten Friedhofs.

Die Geschichte des Alten Friedhofs reicht ins Jahr 1529 zurück, als die Reichsstadt Memmingen die bisherigen Friedhöfe aus Platzmangel schloss und einen neuen Gottesacker einrichtete. Nach 400 Jahren wurde der Alte Friedhof 1920 geschlossen.

Eines der vielen interessanten Gräber ist das von Anton Spiehler (Grab Nummer 78), der zu den Gründungsmitgliedern des Alpenvereines Memmingen gehörte und von Königin Marie, der Mutter von König Ludwig II., dafür belobigt wurde. Am 18. Juli 1891 traf sich Spiehler mit seinen Freunden zum Kaffee und Tarockspielen, als er plötzlich aufhörte, Karten auszuteilen. Der 43-Jährige war plötzlich an einer Herzlähmung gestorben. Damit er auch im Jenseits nicht ohne seine geliebten Berge sein musste, bekam er einen riesigen Steinblock aus Keuperdolomit aus den Oberstdorfer Alpen auf sein Grab.

Im Familiengrab der Stetters (Nummer 6, an der Südwestmauer am Ausgang zum Friedhofsweg) liegt Georg Stetter, ein Wirt und Kühleishersteller, der ein großer Bismarckverehrer war. Die Bismarck-Zigarre, die er von seinem Idol erhielt, bewahrte er sein Leben lang stolz auf.

Adresse Mindelheimer Straße 17, 87700 Memmingen | Pkw A 96, Ausfahrt Memmingen-Ost, rechts St 2013 Richtung Memmingen, Münchner Straße, links ab | Tipp Wie Memminger Bürger einst aussahen, sieht man am Chorgestühl in der St.-Martins-Kirche am Martin-Luther-Platz, an dem Künstler und Bürger der Stadt dargestellt sind.

68 Das Antoniter-Museum

Heiliges Feuer, heiliger Antonius hilf!

Kaum noch jemand weiß von dieser Krankheit, die hochgefährlich und einst sehr verbreitet war: der Mutterkornbrand. Das Mutterkorn entwickelt kornartige Gebilde an den Ähren und führt bei Verzehr durch den Menschen zu schweren Vergiftungen bis zum Tod. Als Symptome werden in der zeitgenössischen Literatur Krämpfe, Bewusstlosigkeit, Blindheit, Starrkrampf, Fallsucht, Lähmungen, Brand und das Absterben von Gliedern genannt. »Mutterkorn« heißt der Pilz, weil er als Wehenauslöser beziehungsweise zur Abtreibung verwendet wurde. Die Krankheit verdankt ihren Namen einem dem LSD ähnlichen Stoff, der aus dem Mutterkorn entsteht und Halluzinationen hervorrufen kann. Mittelalterliche Chroniken sprechen von Flammen und fliegenden Drachen, die die Kranken sahen.

Besonders verbreitet war das »Antoniusfeuer« nach der kleinen Eiszeit im Mittelalter, als in den nasskalten Sommern das Getreide verfaulte. Der Antoniterorden, der von 1214 bis 1562 in Memmingen eine Niederlassung unterhielt, hat sich ausschließlich dieser Krankheit gewidmet. Wie im Mittelalter üblich ging die überall präsente Erfahrung von Krankheiten mit der Heiligenverehrung Hand in Hand: »Heilung durch Glaube« und »Glaube durch Heilung«. Als Dank für die Genesung gab man Almosen und Spenden an den Orden. Waren die Kranken erst mal im Antoniterorden, bekamen sie kein verunreinigtes Brot mehr. Täglicher Besuch der Messe war Vorschrift, sexuelle Enthaltsamkeit war selbst für Ehepaare vorgeschrieben, Hospital-Insassen durften dieses nur mit ausdrücklicher Genehmigung des Präzeptors verlassen.

Erst um 1630 entdeckte man die Ursache der Krankheit. Spenden gab es von nun an kaum noch für den Orden. Das heutige Museum ist Teil der Vierflügelanlage, die zwischen 1456 und 1500 als Hospital und Ordensniederlassung errichtet wurde. Dort waren der Krankensaal, die Kapelle, Lagerräume sowie die Wohnkammern der Brüder untergebracht.

Adresse Antoniter-Museum, Martin-Luther-Platz 1, 87700 Memmingen, Tel. 08331/850245 | Pkw A 96 Lindau-Stuttgart, Ausfahrt Memmingen-Ost, rechts St 2013 nach Memmingen, Münchner Straße, rechts Lindenbadstraße, links Kohlschanzstraße, rechts Bahnhofstraße, rechts Maximilianstraße, rechts Martin-Luther-Platz | Öffnungszeiten Di–Sa 10–12 und 14–16 Uhr, So und feiertags 10–16 Uhr | Tipp Ein eigener Ort und doch genau vor den Toren Memmingens gelegen ist die Kartause von Buxheim mit ihrem berühmten Chorgestühl. Man suche den Engel mit dem »Ich kann's nicht mehr hören«-Gesichtsausdruck, den schlafenden Engel, die schätzenden Engel …

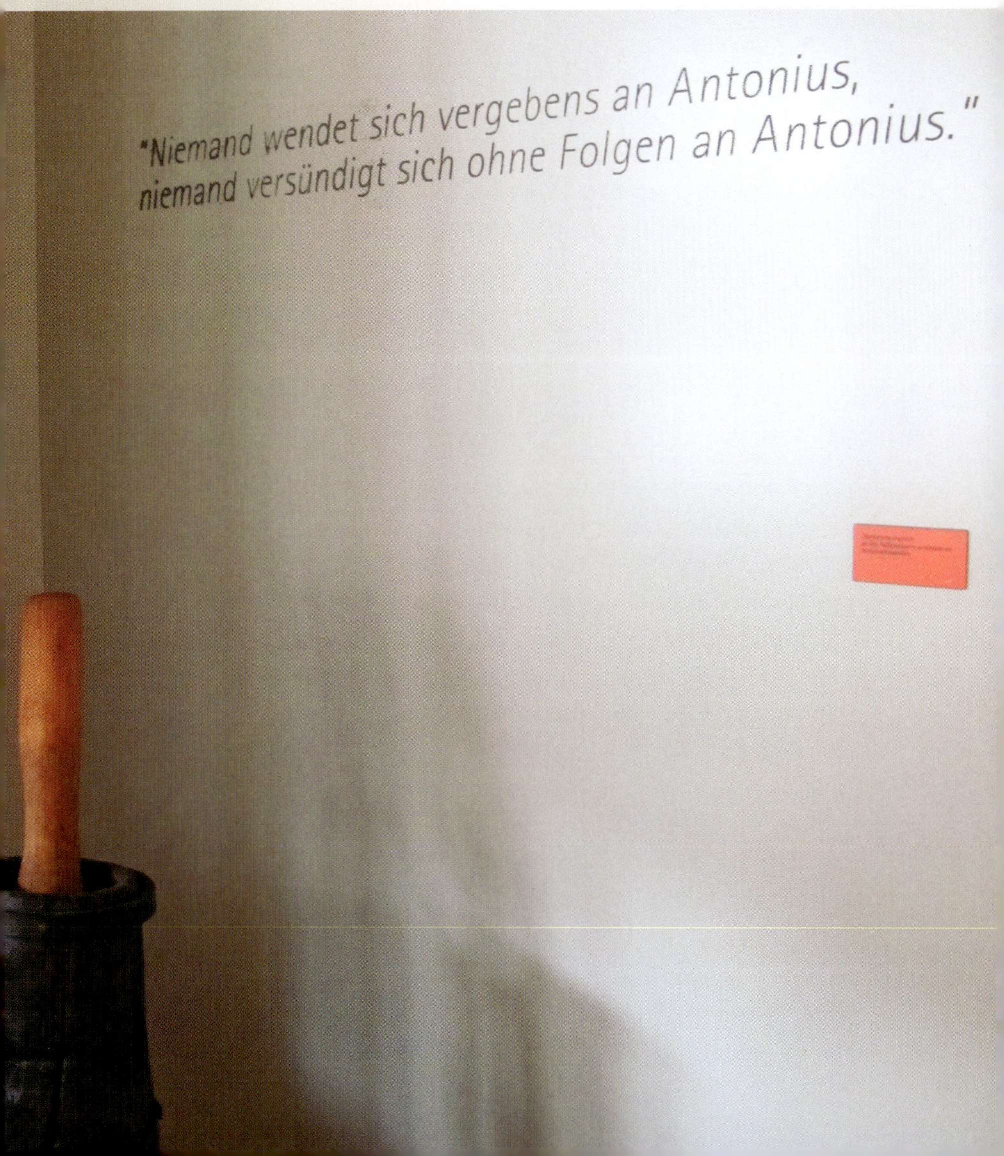

69 Der Memminger Mau

Mondgeschichten

Viele Jahre ist es her, da blickten einige Memminger im »Goldenen Löwen« zuerst tief ins Glas, dann in den Zuber vor der Wirtschaft, als sie aus dieser heraustorkelten. Und dort, auf dem Grund des Zubers, sahen sie den Mond. Den sie einfingen, auf dass sie ihn über Memmingen aufhängen und somit die nächtliche Beleuchtung des Städtchens gewährleisten konnten. Aber irgendwas muss schiefgelaufen sein, denn bis heute leuchtet der Mond über Memmingen grad so, wie er will, und für die Beleuchtung müssen die Einwohner selber sorgen. Aber sicher ist, dass der Mond den Memmingern gehört, da sie ihn ja aus dem Zuber geholt haben. Eine andere Geschichte erzählt von der Memmingerin, die nach Lindau kam, dort den Vollmond entdeckte und verwundert fragte: »Dau isch ja der Memminger Mau [Mond] – scheint der z'Lindau au?«

Viele Jahre später tat ein Mann einen »kleinen Schritt für einen Menschen, aber einen riesigen Schritt für die Menschheit«. Auf dem Mond, der den Memmingern gehört! Also verfassten sie ein höfliches Schreiben an die NASA, in dem sie »allen Beteiligten am Apollo-11-Projekt und dem amerikanischen Volk zu ihrem epochemachenden Erfolg der Eroberung des Mondes« gratulierten. In der Anlage ein Heftchen, das die Bedeutung des Mondes als »Wahrzeichen und Nationalheiligtum der Memminger« dokumentierte sowie eine Einladung an die drei Astronauten zu einem Besuch nach Memmingen. Gewünschtes Gastgeschenk: ein Stück Mondstein. Monate später kam eine Antwort vom NASA-Direktor, in der er bedauerte, dass die Astronauten nicht kommen könnten. Zum Trost schickte er der Stadt jedoch zwei Fotografien, eine von der Landemaschine auf der Mondoberfläche, die andere von der Crew, handsigniert von Armstrong, Collins und Aldrin.

Wer heute etwas angesäuselt aus dem Goldenen Löwen heraustorkelt und im Stadtbächlein den Memminger Mau sieht, der hat keineswegs zu viel getrunken …

Adresse Memminger Mau im Stadtbach an der Ulmer Straße, am Übergang zum Parkplatz hinter dem Rathaus, 87700 Memmingen | Pkw A 96 Lindau-Stuttgart, Ausfahrt Memmingen-Ost, rechts St 2013 nach Memmingen, Münchner Straße, rechts Lindenbadstraße, Tummelplatzweg, links Rennweg, rechts Luginsland, von Am Kuhberg links abbiegen, zu Fuß | Tipp Der Mau ist als Schokoladenmond in der Confiserie Heilemann in der Zangmeisterstraße 5 erhältlich.

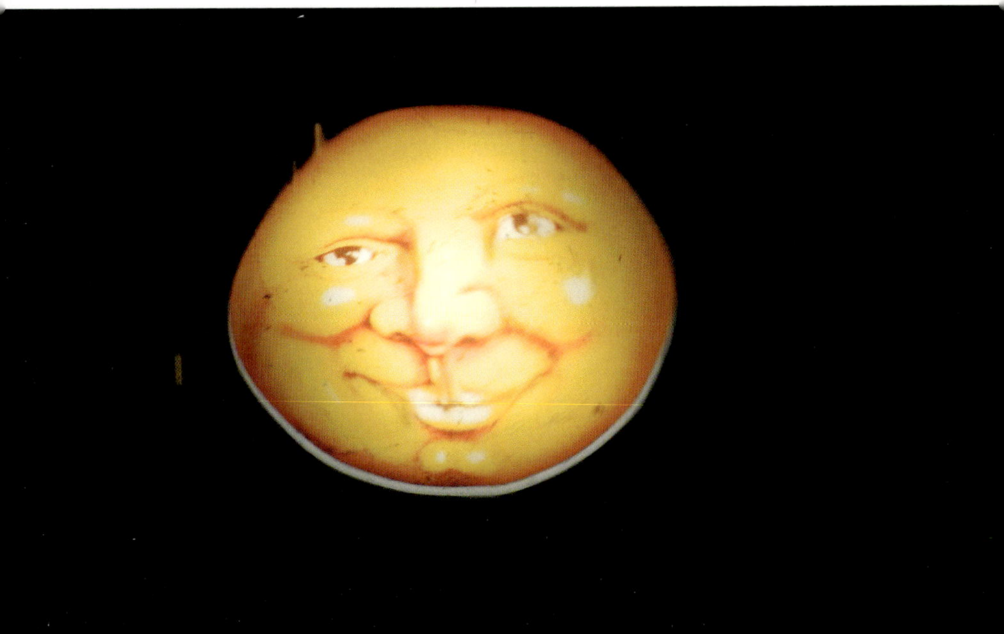

70_Die Weinstube

Geschichte an der Wand, Geschichte auf dem Teller

Kaum ein Ort, der geeigneter wäre als die Weinstube Weber am Bach, um ein wichtiges Thema zu behandeln: die schwäbische Maultasche, die schwäbische. Ein Thema von geschichtlicher, ja, von geradezu religiöser Bedeutung. Man nimmt also in der Weinstube Weber am Bach Platz, schaut sich das Stadtgemälde an der Wand an, das ein Einheimischer in den 1930er Jahren geschaffen hat, und bewundert die Reste der Weinranken-Bemalung an der Decke im Stil um 1900.

Wenn dann die Maultaschen serviert werden, die hier wirklich köstlich munden, schaut man sie vor dem Verzehr nochmals genau an und erkennt, dass das Stück Teig zusammengefaltet ist und wie ein Maul wirkt, also wie ein Mund. Mit was der Mund gestopft ist, das ist eine Frage des Glaubens. Die katholischen Maultaschen, die auch »Herrgottsbescheisserle« genannt werden, wurden nur erfunden, um den lieben Gott hinters Licht zu führen. Freitags dürfen anständige Christenmenschen ja kein Fleisch essen. Wer es aber dennoch nicht lassen konnte, drehte das Fleisch durch den Wolf und versteckte es in der Teigtasche, damit der da oben es nicht sehen konnte. Die Lutherischen hielten den Herrgott nicht für so blöde und meinten, dass er alleine schon an der Farbe das Hackfleisch erkennen würde. Deshalb mischten sie unter das Hackfleisch Spinat, damit sich der Herrgott durch die Farbe täuschen ließe. Der hat sich nie geäußert, ob er den Schwindel bemerkt hat.

Bevor man den Weber am Bach verlässt, sollte man noch in das kleine Nebenzimmer schauen. Denn das ist mit Kirschbaumwurzelholz getäfelt, einer sehr seltenen Holzart. Der Lüster an der Decke stammt aus den Jahren 1890 bis 1900, die Glasfenster und Messingleuchten aus dem Jahr 1901.

Im protestantischen Memmingen waren die Katholiken immer eine Minderheit, auch heute noch ist der Ort eine protestantische Insel inmitten des katholischen Umlands.

Adresse Weber am Bach, Untere Bachgasse 2, 87700 Memmingen, Tel. 08331/2414 | Pkw A 96 Lindau-Stuttgart, Ausfahrt Memmingen-Ost, rechts St 2013 nach Memmingen, am Kreisverkehr St 2013 die 2. Ausfahrt nehmen, Münchner Straße, links abbiegen Kohlschanzstraße, Bahnhofstraße, rechts Maximilianstraße, rechts Bärengasse | Öffnungszeiten Mo ab 18 Uhr, Di–So 11–14 und ab 18 Uhr | Tipp In der Kramerzunft am Weinmarkt formulierten die aufständischen Bauern 1525 die zwölf Bauernartikel. Ein Fresko an der Hauswand erinnert daran.

71__Das Café K

K.-u.-k.-Gemütlichkeit

Auszug aus der Speisekarte: Was soll denn der 11. Buchstabe des Alphabets oder das chemische Zeichen für Kalium als Namensgeber dieses kleinen Kaffee-Hauses? Ka oder koi Ahnung? Bei genauerem Überlegen entpuppt sich die K-Frage als geradezu unendliche Geschichte – gepaart mit der spielerischen Herausforderung, neue Variationen und Möglichkeiten einer Namensdeutung zu finden. Verbinden Sie Ihren Aufenthalt im Café K ganz einfach mit »klücklichen Momenten«. Zugegeben, das Häuschen ist klein, aber mehr als ein Kabäuschen oder Käfterchen (mitteldeutsch für Kämmerchen) ist es allemal, und eine Kaluppe (tschechisch für baufälliges Haus) ist es schon lange nicht mehr. Schließlich hat das Alt-Mindelheimer Giebelhaus, erstmals erwähnt 1717, doch bereits im Jahre 1981 eine Auszeichnung für seine schön restaurierte Fassade erhalten. Ist es das unermüdliche Arbeiten am Konzept, ist es das Engagement von Elke Knöller-Lutz, die das Häuschen, das sich selbstbewusst in den Schatten des Franziskanerinnen-Klosters Heilig Kreuz kuschelt, so gelungen positiv mit einem Kaleidoskop an Ideen, kulinarischen Köstlichkeiten, Kunst und Krempel, sprich: mit Leben füllt? Sind es die mannigfachen Kaffee-, Tee- und Kakao-Spezialitäten, sind es die selbst gemachten Kräuterdinge und sonstigen Leckereien?

Forscht man in der Historie des Hauses, so stößt man – und das dürfte das Hauptargument in der K-Frage sein – unwillkürlich auf einen Namen: Rosina Maier (1910–1993), liebevoll »Krippele-Rosa« genannt und bis heute als größte private Sammlerin von Krippen und entsprechenden Figuren Mindelheims bekannt. Schaut man unter der Zahl elf – da ja K der elfte Buchstabe des Alphabets ist – im Buch der Numerologie nach, dann liest man: »Die Elf ist eine ungerade Zahl, die die Energie der ungeraden Zahl besitzt, die kreativ und originell zum Ausdruck bringen will.« Chapeau, Madame Lutz!

Adresse Café K, Dreerstraße 13, 87719 Mindelheim, Tel. 08261/738353 | Pkw A 96 Lindau, Ausfahrt Mindelheim, am Kreisverkehr 2. Ausfahrt Bahnhofstraße, links Maximilianstraße, rechts Dreerstraße | Öffnungszeiten Di–Sa 9–18 Uhr, So 10–18 Uhr | Tipp Sollte das Café K gerade zu haben, kein Problem, rund um die zentrale Maximilianstraße reiht sich ein Café ans andere.

72 Der Fünf-Wunden-Brunnen

Anbauten am Leprosenhaus

Da draußen vor dem Tor der historischen Altstadt Mindelheims steht eines der unbekanntesten und kunsthistorisch bedeutsamsten Denkmäler des Unterallgäus: die Liebfrauenkapelle, die einer Überlieferung nach 1455 direkt an das Leprosenhaus angebaut wurde. Hier konnten die von Lepra oder Aussatz befallenen Patienten über eine Empore, die heute noch existiert, in die Kirche gelangen, ohne mit den anderen Gottesdienstbesuchern Kontakt zu bekommen.

Wie es so ist mit Bauten, irgendwann wird umgebaut. Bei der Liebfrauenkapelle geschah das um 1650, im Inneren der Kappe kamen ein prachtvoller frühbarocker Hochaltar mit einer überaus anmutigen Madonna und im Chor und an den Seitenwänden Figurenschreine hinzu. Und außen an der Kirche die heute skurril anmutende Franziskusgrotte sowie der Fünf-Wunden-Brunnen, der besonders für Nichtkatholiken zuerst einen äußerst befremdlichen Eindruck macht, denn die Wunden des Bleiguss-Christus versorgen den Brunnen mit Wasser, aus letzterem der Mensch neben Blut nach antiker Auffassung bestand.

Im Jahr des Umbaus hatte die Bevölkerung in Mindelheim wie auch andernorts gerade einen grausamen Dreißigjährigen Krieg hinter sich. Zu dieser Zeit kam der Barock aus Italien nach Deutschland. Vorbei war es mit der strengen Klarheit der Renaissance, nun ging es um überschwängliche Formen, Steigerung aller Wirkungen ins Pathetische.

Skulptur und Plastik gehörten zur wichtigen Ausstattung eines Bauwerks. Die starke Bewegung und das kalkulierte Spiel von Licht und Schatten hauchten den Figuren eine verblüffende Lebendigkeit ein. Und Hoffnung und Lebensfreude wie bei diesem Christus, der beides trotz seiner fünf Wunden ausstrahlt. Übrigens wurde der Begriff »barock« im französischen Raum anfänglich abwertend im Sinne von »merkwürdig« für Kunststile gebraucht, die nicht dem jeweiligen Zeitgeist entsprachen. Eben, diese Christusfigur ist einfach – barock!

Adresse Liebfrauenkapelle, Memminger Straße 9, 87719 Mindelheim | Pkw A 96 Lindau, Ausfahrt Mindelheim, B 16 Richtung Krumbach, in Mindelheim links NM 25 / Bad Wörishofer Straße, am Kreisel 3. Ausfahrt Frundsbergstraße, links Memminger Straße | Öffnungszeiten Allerheiligen – Okt. täglich 9 – 17 Uhr | Tipp Das Textilmuseum mit einer umfangreichen Ausstellung weltlicher und kirchlicher Gewänder.

73 Die Georg-von-Frundsberg-Statue

Kuhmaulschuhe

Ein Blick auf seine Schuhe, und es ist klar: Der Mann war kein Mensch des Mittelalters, sondern einer der Renaissance und Reformation. Denn das spitze gotische Schuhwerk des ausgehenden Mittelalters wurde im frühen 16. Jahrhundert vom breiten »Kuhmaulschuh« abgelöst. Wobei das Kuhmäulige nichts mit dem Allgäuer Kuhbestand zu tun hatte, sondern der Form der Fußbekleidung geschuldet war. Besserwisser könnten jetzt noch anmerken, dass der rechte und der linke Schuh des Herrn identisch waren, wie es bei Fußbekleidung bis ins späte 19. Jahrhundert generell der Fall war. Die Kuhmaulschuhe wurden in der Zeit von 1510 bis 1600 sowohl von Frauen als auch von Männern getragen. Sie passten ebenso zu Cranach-Kleidern wie auch zur Uniform der Landsknechte.

Im 16. Jahrhundert fand ein Wandel statt: Nicht mehr der adlige »höfische Müßiggänger« war das Ideal, sondern der »tätige Mensch«. Nun setzte man sich über mittelalterliches Standesdenken hinweg. Die breite Zehenform des Kuhmaulschuhs zeigt diese Hinwendung zum Tätigen und eine Abwendung vom Spitzschuh-Müßiggang des Adels.

Georg von Frundsberg (1473–1528) entstammte zwar dem Adel, erfüllte aber eine ganze Reihe von Aufgaben. Der berühmteste Mindelheimer war Kriegsmann, Grund- und Gerichtsherr der Herrschaften im Familienbesitz, er leistete Solddienst bei den Landsknechten, die wendiger waren als ihre gepanzerten Vorgänger, die Ritter. Als »Vater der Landsknechte« besiegte er 1525 die bis dahin unbesiegbaren Schweizer Söldner. Frundsberg, ein Mann des Krieges, sagte dennoch: »Drei Dinge sollten jedermann vom Krieg abschrecken: die Verderbung und Unterdrückung der armen, unschuldigen Leute, das unordentliche und sträfliche Leben der Kriegsknechte und die Undankbarkeit der Fürsten.«

Adresse Rathaus und Tourist-Information, Maximilianstraße 26, 87719 Mindelheim, Tel. 08261/991520 | Pkw A 96 Lindau, Ausfahrt Mindelheim, am Kreisverkehr 2. Ausfahrt Bahnhofstraße, links Maximilianstraße | Tipp Unbedingt noch zur Burg des Frundsberg hochspazieren. Auch findet in Mindelheim alle drei Jahre das Frundsbergfest mit Umzug statt.

74 Das Turmuhrenmuseum

Tick, tack, tick, tack

Also, eine Turmuhr ist a) groß, b) weithin sichtbar, c) an einem Kirchturm oder an einem Uhrturm eines Schlosses oder Rathauses angebracht. Normalerweise findet man Zifferblätter an vier Seiten des Turmes, in München an St. Peter sind es acht Zifferblätter, klar, damit acht Leute die Uhr ablesen können, wie Karl Valentin wusste.

Turmuhren waren die ersten mechanischen Zeitmesser der Geschichte und besonders im Mittelalter häufig zu finden. Denn damals konnte sich ja noch kaum jemand eine Uhr leisten.

Das Mindelheimer Turmuhrenmuseum ist ein Museum der Superlative. Schon deshalb, weil hier die Uhren dort ausgestellt sind, wo sie einst hingen: in beziehungsweise an einem Turm! Das Museum ist das einzige in Deutschland, das in einer ehemaligen Kirche mit begehbarem Kirchturm residiert.

Mit rund 50 Turmuhren von über 30 Herstellern aus der Zeit von 1562 bis 1933 ist die Sammlung in der ehemaligen Silvesterkirche die erste und reichhaltigste ihrer Art in der Bundesrepublik. Der Schwerpunkt liegt auf handgeschmiedeten Stücken, von der kleinen Giebeluhr eines Hauses bis hin zur 1.000 Kilogramm schweren Turmuhr. Prunkstück ist die barocke Konventuhr aus Füssen, die im Jahre 1750 von einem Klosterbruder angefertigt wurde.

Die Ausstellung wurde 1979 von dem Lehrer Wolfgang Vogt aufgebaut – eine Führung mit ihm ist ein Erlebnis. Vogt erzählt, was gewünscht wird, Technikfreaks hören viele technische Details, und wer lieber über Anekdoten schmunzelt, der freut sich zum Beispiel über die von dem Mann, der einen 130 Kilo schweren Klöppel über 156 Stufen in die Nachbarkirche hochgetragen hat. Oben wurde geläutet, der Ton hat nicht gestimmt, er trug den Klöppel wieder nach unten und dann, nach einer Überarbeitung, wieder nach oben, Ton wieder nicht gestimmt, Klöppel einfach vom Turm runtergeworfen, wo er sich in die Erde gebohrt hat.

Adresse Schwäbisches Turmuhrenmuseum, ehemalige Silvesterkirche, Hungerbachgasse 9, 87719 Mindelheim, Tel. 08261/909760 | **Pkw** A 96 Buchloe Richtung Westen, Ausfahrt 19-Mindelheim Richtung Krumbach/Pfaffenhausen/Kirchheim, rechts auf B 16, Bad Wörishofer Straße, Kreisverkehr 3. Ausfahrt Frundsbergstraße/B 18, Hermelestraße, links | **Öffnungszeiten** Mi 14–17 Uhr, 4. So im Monat 14–17 Uhr | **Tipp** Die Inhaberin des Museums empfiehlt gerne das Café K, aber das hat hier ein eigenes Kapitel bekommen. Mit K beginnt auch das Restaurant Kunstmühle in der Hermelestraße 19, italienische Küche in einer alten Kunstmühle. Interessant sind besonders der erste Stock und die Glasplatte über der Mindel!

75 Die Lindenallee

Ihr Kinderlein, kommet

Idyllischer als diese 300 Jahre alte Lindenallee, durch die man direkt auf die Kapelle Maria Schnee zugeht, kann ein Weg nicht sein. Anders als die viel bekanntere Lindenallee von Marktoberdorf, die in vertikalen Kurven verläuft, ist die von Nassenbeuren von horizontalen Wellen geprägt. So schlicht das Kirchlein von außen ist, so üppig prachtvoll präsentiert es sich von innen.

Der Dichter ist vergessen. Sein Lied nicht. Pfarrer Christoph von Schmid (1768–1854) war zu seiner Zeit sehr bekannt. Als sicher gilt, dass er es war, der »Ihr Kinderlein, kommet, o kommet doch all! Zur Krippe her kommet in Bethlehems Stall« geschrieben hat. Wo er dies aber getan hat, weiß man nicht. Für Nassenbeuren als Entstehungsort spricht die Tatsache, dass von Schmid hier einst Pfarrer war und dass die Kapelle ein überaus romantischer Ort ist, wie er weihnachtsseliger nicht sein könnte. Dagegen spricht, dass von Schmid sowohl in Briefen als auch in Tagebüchern in seiner Nassenbeurer Zeit (1791–1795) nie ein Wort über das Lied verlor. Am schönsten ist folgende Entstehungsgeschichte des Liedes: Von Schmid war sein Leben lang ein Kinderfreund, der 50 Jugendbücher, Schulbücher und Gedichte verfasste. Von einem seiner Spaziergänge kehrte er lange nicht ins Pfarrhaus zurück. Seine Haushälterin ging ihn suchen und fand ihn in einer Krippenausstellung, wo er Kindern mit den einzelnen Figuren die Weihnachtsgeschichte erzählte. Noch ganz im Banne des Spiels dichtete er das Lied. Zum Weihnachtsschlager wurde es dann durch die Vertonung eines Komponisten namens Johann Abraham Peter Schulz (1747–1800).

Der eigenartige Name der Kapelle aus dem Jahr 1701 geht auf die Nachbildung eines Gemäldes aus der Kirche »Santa Maria Maggiore«, auch »Santa Maria della Neve« genannt, in Rom zurück. Von hier gelangte der Name »Maria Schnee« über die Alpen nach Nassenbeuren. Besonders heimelig ist der Weg zur Kapelle denn auch im winterlichen Schnee.

Adresse Maria-Schnee-Kapelle, Lindenallee, 87719 Mindelheim (Nassenbeuren) | **Pkw** A 96/E 54 Ausfahrt Mindelheim, Richtung Krumbach, rechts abbiegen auf B 16, folgen bis Gewerbegebiet, am Ende links, rechts abbiegen auf die MN 6, 1. Abzweigung links Richtung Hauptstraße, rechts Kirchberg, weiter Schützenstraße, am Ende Lindenallee | **Öffnungszeiten** Mai–Okt. jeden 1. So im Monat 14–16 Uhr. Zu anderen Zeiten kann man den Schlüssel bei dem Mesnerehepaar Podlesak abholen, Tel. 08261/5939. Führungen bieten Maria Dietrich, Tel. 4990, Rosemarie Ruf, Tel. 8246, und Josef Stadler, Tel. 8496 an. | **Tipp** Etwa einen Kilometer südöstlich der Kirche steht ein Sühnekreuz aus Tuffstein. Solche Kreuze stammen aus dem Mittelalter. Gemäß ihrem Namen wurden sie errichtet, um Schuld zu sühnen. Meist wurden sie an dem Ort aufgestellt, an dem jemand ermordet wurde.

76__Das »grüne« Explorer

Zeigt her eure Skier

Ältere Menschen, die sich noch an die dunklen, längst vergangenen Zeiten erinnern, als andere Menschen mitten auf der Straße in gläserne Zellen gingen, dort einen Hörer von der Wand nahmen, der über eine Schnur mit einem Kasten verbunden war, diese Menschen stehen einigermaßen ratlos vor den gläsernen Zellen in der Lobby im Explorer Hotel. Denn dort sind keine Telefone drin, keine Schnur, nichts. Wozu diese Kästen? Auskunft gibt freundlichst die Hotelrezeption, es handelt sich um »Sportlockers«. Also um Kabinen, in denen die Sportgeräte weggeschlossen werden. Einerseits. Andererseits werden sie so aber auch ausgestellt. Jeder soll sehen, was man hat. Abfahrtskier (vor dem Haus verlaufen Pisten mit Flutlicht), Langlaufskier (Loipen rund ums Haus), Rodel (eine vier Kilometer lange Naturrodelbahn verläuft auf der Alpspitze), das Radl oder Mountainbike (1.500 Kilometer Radstrecke in der Gegend!), Nordic-Walking-Stöcke (66 Strecken auf 420 Kilometern).

Das Explorer ist das grünste Hotel im eh schon grünen Allgäu, sein Hotelkonzept soll bislang europaweit einzigartig sein. Es ist das erste Passivhaus-Hotel des Kontinents, dazu noch in Massivholzbauweise errichtet. So viel lila-grünes Öko, Bio, Natur und Holz wurde mit zahlreichen Preisen geehrt, darunter der artouro 2011 vom Bayerischen Tourismusverband. Außerdem wurde es als eines der 100 innovativsten Unternehmen des deutschen Mittelstandes bewertet.

Im Explorer Hotel Neuschwanstein irgendwo nach einem Bild des Schlosses zu suchen, ist vergebens, es gibt keines. Und so verspielt Neuschwanstein ist, so sachlich-nüchtern ist das Neuschwanstein Explorer Hotel. Aber das Haus wurde im Neuschwanstein-Geist erbaut: Genau wie für das Schloss damals wurden ausschließlich Dienstleister aus der Gegend herangezogen, und wie Neuschwanstein bringt das Explorer Hotel neue Gäste in die Destination und trägt so zum Wertschöpfungsprozess der vorhandenen Infrastruktur bei.

Adresse Explorer Hotel Neuschwanstein, An der Riese 45, 87484 Nesselwang, Tel. 08361/9989000, www.explorer-hotel.com | **Pkw** A 7 Kempten Richtung Füssen, Ausfahrt Betzigau Richtung KE 23, auf A 7 über die Auffahrt Füssen, Ausfahrt Oy-Mittelberg, Richtung Bad Hindelang-Oberjoch / B 310 fahren, rechts auf B 309, im Kreisverkehr 3. Ausfahrt, rechts | **Tipp** Vom Hotel zur urigen Kronenhütte sind es circa 20 Gehminuten, dort gibt es laut dem ehemaligen Politiker Theo Waigel die besten Käsespätzle überhaupt.

77_Das Ostereier-Museum

Kein Ei gleicht dem anderen

Geht man vom Innenhof des Hotel Post in den ehemaligen Stall des Hauses, betritt man einen ganz eigenen Kosmos, der doch nur aus einem einzigen Raum besteht. In 14 Glasvitrinen sind hier mehr als 2.500 Ostereier zu bestaunen.

Bei jedem Sammler fängt es mit dem einen ersten Stück an, dem Beginn eines leidenschaftlichen Sammlerlebens. Bei Monica Meyer-Nusser war es ein Ei, das sie von ihrer Schwester bekam, auf das sie die Familie gemalt hatte. 1981 war das. In den folgenden Jahren hat sie Eier aller Größen, Formen, Tiere und Macharten zusammengetragen. Sie sind bemalt, beklebt, geätzt, gefräst, bestickt, mit Draht umwickelt, mit Haar beklebt und sogar gebohrt. Die kuriosesten Stücke der Sammlung: ein Osterei, in dessen Inneren zwei Menschen in der Sauna schwitzen, ein Gänse-Ei mit 2.000 Bohrungen und 889 Kreuzstichen und ein sogenanntes Floh-Ei aus Holz. Diese wurden früher in Perücken getragen und waren mit einer Flüssigkeit gefüllt, die Flöhe anlockte. 14 Eier sind mit den Kreuzwegstationen bemalt, ein anderes Ei birgt in sich eine holzgeschnitzte Kreuzigungsszene, ein Emu-Ei wird von Leonardo da Vincis Abendmahl geziert, zwei große Straußeneier von den Konterfeis des Märchenkönigs Ludwig II. und des Möchtegern-Märchenkönigs und Modezars aus der Münchner Maximilianstraße Rudolph Moshammer.

Die Eier des Museums stammen nebst Huhn und Gans vom kleinen Zilpzalp, vom großen Strauß, vom Auerhuhn, Zebrafinken, von der Schildkröte und dem Krokodil, es gibt Wachteleier, Schildkröteneier, Emu-Eier, Storchen- und Pfaueneier – und seit Kurzem auch ein Pinguinei. Ein stecknadelgroßes Natur-Ei ist allerdings nicht bearbeitet: das Schnecken-Ei. Ansonsten gibt es »nichts, was man mit Eiern nicht machen kann«, meint Meyer-Nusser. Um Ostern herum werden auch österliches Brauchtum wie Ostermodelle, Palmbuschen, Osterbeichtzettel, Osterkorbweihetücher und Gebildebrote gezeigt.

Adresse Ostereier-Museum im Hotel Post, Hauptstraße 25, 87484 Nesselwang | **Pkw** in Nesselwang Richtung Seeg/Rückholz/Roßhaupten, rechts auf OAL 23, den Kreisverkehr passieren, links auf Hauptstraße, rechts | **Öffnungszeiten** täglich 10–20 Uhr | **Tipp** Um Zeit und Werte geht es auch auf dem Nesselwanger Weg »Gehzeiten«.Er beginnt bei der Rindegger Tanne bei Nesselwang. Vorher das kostenlose Begleitheft bei der Tourist-Info in der Hauptstraße 20 abholen.

78 Die Südsee-Sammlung

Paradies und Sternenhimmel

Der Kubus hinter dem Obergünzburger Heimatmuseum scheint sich auf den ersten Blick so ganz und gar nicht ins Ortsbild einzufügen, zumal die Thematik des Museums alles andere als allgäuerisch ist: Es handelt sich nämlich um eine Südsee-Sammlung.

Das Sammeln an sich ist des Allgäuers Lust. Das galt auch für Karl Nauer, einen Obergünzburger, der es vom Seifensieder-Sohn zum »Kapitän auf großer Fahrt« gebracht hatte. Sein Ziel: Orden zu erhalten, um seinen »Brustschmerz« zu lindern, unter dem damals manche Männer ohne Orden litten. Als Kapitän bei der Norddeutschen Lloyd befehligte er dann eines von drei Schiffen, unterwegs im Bismarckarchipel, bei den Salomonen und den Herimitinseln. Denn zu jener Zeit hatte ein europäisches Land, das auf sich hielt, Kolonien. Und der deutsche Kaiser wollte (im Gegensatz zu Bismarck) auch welche, einen »Platz an der Sonne«, wie anno 1897 sein Staatssekretär Bernhard von Bülow verkündete. Kapitän in einer deutschen Kolonie zu sein war kein sehr zeitaufwendiger Beruf. Also fing Nauer an zu sammeln und zu tauschen.

Wer heute eines der großen Völkerkundemuseen Deutschlands besucht, wird auch Nauers Stücke sehen, denn jedes dritte Exponat stammt von ihm, man gab ihm sogar »Bestelllisten« mit. Doch das Beste behielt er nach Sammler- und Künstlerart für sich. Und so kam es, dass dieses kleine Museum mitten im Allgäu die bedeutendste Südseesammlung des ganzen Landes besitzt.

Das Gebäude ist von außen einem Südseehaus nachempfunden, im unteren Teil in Ständerbauweise, oben von einem Palmendach gekrönt. Im Museum selbst ist ein originales Südseehaus aufgebaut, das einzige Exponat, das nicht von Nauer stammt.

Museumsleiter Ulrich Haber führt begeistert und begeisternd durch die Sammlung und rät, ausreichend Zeit mitzubringen! Auf jeden Fall gilt der Satz auf der Homepage des Hauses: »Des muasch aluaga!«

Adresse Südseesammlung, Unterer Markt 2, 87634 Obergünzburg, Tel. 08372/8239, www.suedseesammlung.de | **Pkw** B 12, B 16 und A 7 und A 96 Ausfahrt Obergünzburg, Ortsmitte, ausgeschildert | **ÖPNV** Bahnhof Günzach, Regionalbus nach Obergünzburg | **Öffnungszeiten** Sa und So 14–17 Uhr, Mi 10–12 Uhr | **Tipp** Zwischen Obergünzburg und Ronsberg beginnt bei der Mühle Liebenthann ein circa 15-minütiger Weg zur Teufelsküche, einer sagenumwobenen Ansammlung von Gletscherfindlingen. Ein Teufelsküchen-Rundwanderweg führt durch die bizarre Landschaft.

79__Die Käseschule

An die Töpfe, Käse kochen

Kässuppe, gebratener Weichkäse, gebräunter Ziegenkäse, Käsfondue, Käsknödel, Bergkäseschnitzel, Kässpätzle, Rumpsteak in der Käsekruste, Käsebrot, Käsedessert »Thaler Laible«, Backleberkäs, Saurer Käs, Schweizer Wurstsalat mit Emmentalerkäse, Käs'Brett'l, Frischkäse-Chilipraline, hausgemachter Käsekuchen … nicht nur auf der Speisekarte des Thalkirchdorfer Dorfhauses dreht sich (fast) alles um den Käse beziehungsweise seine Produzenten, die Kühe. Und was aus deren Milch hier gezaubert wird, das schmeckt hervorragend!

Vereint unter dem Dach des Dorfhauses finden sich ein Restaurant mit zwei gemütlichen Stuben ohne Schnickschnack, eine Käseschule, eine Sennerei hinter Glaswand, ein Chalet-Hotel sowie ein Dorfladen. Kühe auf den Kissen, Kühe als Gießkanne, Kühe als Eierwärmer, Kühe auf dem Tellerrand.

Unten im Keller dann das Allgäu zum Mitmachen: Hier ist die Käseschule Allgäu beheimatet. Jeder sitzt vor seinem Topf, einem Kupferkessel, und macht aus frischer Milch seinen eigenen Käse. Zuerst wird die Kuh gemolken, keine Angst: Hier ist das nur eine Attrappe. Wie erhitzt man die Milch richtig, welche Kultur gehört rein, und wie wird dann »ein Bruch gemacht« – das ist der Unterrichtsstoff. Als Bruch (oder auch Käsebruch) bezeichnet man in der Käserei das Material, welches aus der durch Zugabe von Lab oder Milchsäure dickgelegten Milch (genannt Gallerte oder Dickete) entsteht, nachdem sie zerteilt (gebrochen) wurde, um die Molke abzutrennen. Abgefüllt und gepresst muss der Käse auch noch werden. Eine Verkostung, ein Schnapserl und ein Transportbehälter sind im Preis inbegriffen. In zwei bis zweieinhalb Stunden ist der Käse gemacht, der dann 1,5 Stunden ruhen muss.

Um die kleine Wohlfühlwelt herum liegen ein beheiztes Freibad, Tennisplätze, Langlaufloipen, ein Skigebiet und ein Golfplatz, den man sogar kostenlos nutzen kann.

Adresse Thalkirchdorfer Dorfhaus, Kirchdorfer Straße 5, 87534 Oberstaufen (Thalkirchdorf), Tel. 08325/9580, www.dorfhaus.de | Pkw von Immenstadt B 308 Richtung Oberstaufen, in Lamprechts links Kirchdorfer Straße | Öffnungszeiten Dorfladen Mo–Sa 7–17.30 Uhr, So und Feiertage 8–15 Uhr | Tipp Das »Blaue Haus«, ein idyllisches Jugendstilhaus, in dem neben Kaffee und Kuchen auch gleich Deko- und Einrichtungsgegenstände gekauft werden können.

80_Der Energieplatz

Einmal volltanken bitte

Ob man nun an sich kreuzende Wasseradern, Erdverwerfungen und Erdenergien glaubt oder nicht – dieser Platz ist ein ganz besonderer! Schon der überirdisch schönen Aussicht wegen. Auch wegen der Abgeschiedenheit und – der Energie, die man dort auf welche Weise auch immer tanken kann. Kirlian-Fotografien (Aurafotografien) zeigen angeblich, dass Menschen, die sechsmal 30 Minuten am Kraftplatz Waldesruhe verbrachten, eine stark gesteigerte Lebensenergie aufweisen.

Es war in den 1990er Jahren, als der Diplom-Chemiker Karl-Heinz Kerll, angeregt durch den Energieplatz Illerwehr bei Martinszell (gibt es heute nicht mehr), begann, intensiv nach Kraftplätzen zu forschen und so auch den Energieplatz beim Hotel Waldesruhe fand. Dort hörten seine Rückenschmerzen auf, seine Krankheit Morbus Bechterew (Rückenkrümmung) kam zum Stillstand.

Heute verläuft vom Hotel oben bis zum Platz ein »Energiepfad«, der in verschiedene Energiezonen wie zum Beispiel Herzensenergie und rechtsdrehende Energie gegliedert und in einen Feng-Shui-Garten eingebettet ist. Er ist auch für Nichthotelgäste zugänglich. Auf der Qigong-Plattform starten regelmäßig Führungen, außerdem finden hier angeleitete Übungen statt. Im Hotel selbst sind die Zimmer nach Feng-Shui-Regeln eingerichtet, die Stromleitungen abgeschirmt, das Leitungswasser ist belebt. Und an den in »energetisierten« Farben gestrichenen Wänden hängt »energetisierte« Kunst.

Auf der Webseite des Hotels Waldesruhe ist zu lesen, dass dieser Ort der erste wissenschaftlich erforschte Energieplatz der Welt sei und durchaus vergleichbar mit mystischen Orten wie Stonehenge sein soll. Testen Sie es selbst!, lautet die Aufforderung. Wie wahr. Besonders anrührend: Einige hundert Meter entfernt vom Kraftplatz wachsen eine Fichte und eine Buche eng umschlungen wie ein Liebespaar am Rande des Waldes. Auch sie sind wahre Energiebündel.

Adresse Naturhotel Waldesruhe, Alte Walserstraße 20, 87561 Oberstdorf, Tel. 08322/6010, www.hotel-waldesruhe.de | **Pkw** A 7 Ulm in Richtung Kempten, Dreieck Allgäu auf die A 980 Richtung Oberstdorf, am Kreisverkehr nach McDonalds 1. Ausfahrt und weiter die B 19 entlang in Richtung Kleinwalsertal; Richtung Oberstdorf nach links und gleich die nächste Straße nach rechts (kleine Straße), am Ende nach links | **Tipp** Noch mehr Kraft und Energie kann man auf einer Wanderung zum nächsten Energieplatz Wildental in einem Seitental des Kleinwalsertals tanken.

81 Die Heini-Klopfer-Schanze

Schiefer Turm von Oberstdorf

Also, es gibt Sprungschanzen und es gibt Flugschanzen. Die Oberstdorfer Sprungschanzen stehen vorne im Ort, die Flugschanze ganz weit hinten im Tal. Und um Letztere geht es hier. Benannt ist sie nach dem »Klopfer«, einem deutschen Architekten und Skispringer – eine eher seltene Kombination. Zu sportlichem Weltruhm brachte er es nie, weil deutsche Sportler nach dem Zweiten Weltkrieg nicht an großen Wettbewerben teilnehmen durften. Aus Trotz und Enttäuschung beschloss Heini Klopfer zusammen mit den Kollegen Sepp Weiler und Toni Brutscher, dann eben eine eigene Riesenschanze zu bauen. 1949 war es dann so weit, der Bau begann, am 2. Februar 1950 flogen die ersten Skifahrer von der Anlage auf die Erde hinunter.

Bis heute gilt sie als eine der weltweit schönsten und sichersten Skiflugschanzen der Welt. Sicher ist sie deshalb, weil sie rechts und links von Wald geschützt ist und deshalb die Springer keinem Seitenwind ausgesetzt sind. In nur fünf Monaten wurde die riesige Holzkonstruktion aufgestellt, und am 2. Februar 1950 testeten die Oberstdorfer Springer zum ersten Mal die Anlage. Später entwarf Klopfer noch 250 weitere Schanzen!

Ein Besuch lohnt auch am Abend, wenn man die Schanze nur von unten sieht, denn selbst da überkommt einen das Gruseln angesichts des Wahnsinns, von da oben runterzufahren und dann weiter nach unten zu fliegen. 207 Meter Höhenunterschied sind es, die da gefahren und geflogen werden. Schiefer Turm heißt das Ganze, weil der Turm eine kühn frei auskragende Spannbeton-Konstruktion in Leichtbeton ist. 100 Menschen gleichzeitig haben auf der Plattform Platz. Tagsüber kommt man mit dem Sessellift nach oben zum Schanzenturm und dann weiter mit dem Schrägaufzug auf die Plattform – die Aussicht von dort oben ist sensationell. Und der Respekt vor den Skifliegern wächst ins Unermessliche. Von da oben runter auf Skiern, nie im Leben! Nur im Lift!

Adresse Birgsautal, 87561 Oberstdorf, Tel. 08322/2855 | Pkw A 7 (Ulm-Füssen) bis Autobahnkreuz Allgäu, A 980 Richtung Lindau, Autobahn bis Abfahrt Waltenhofen, B 19 über Immenstadt, Sonthofen nach Oberstdorf, ins Stillachtal, südlich von Oberstdorf in der Zimmeroy | Tipp Den Besuch der Schanze sollte man unbedingt mit einem Besuch des in sämtlichen Blautönen leuchtenden Freibergsees verbinden.

82 Der Eisladen

Bergbauerneis

Eigentlich ist die kleine Eisdiele an der Ofterschwanger Bushaltestelle unscheinbar. Dabei gibt es hier exklusives Eis, hergestellt von einem Allgäuer Italiener aus Ofterschwanger Kuhmilch. Von hübschen Kühen, die auf Bergwiesen weiden! Betrieben wird die Eisdiele von der Gemeinde, die aus der Not eine Tugend machte. Denn der frühere Pächter verstarb plötzlich, und ein Nachfolger ließ sich nicht finden. Schneller Rat und eine noch schnellere Reaktion waren gefragt, denn die Eisdiele war ein beliebter Zwischenstopp bei den Urlaubsgästen, und die will keiner verärgern. Also beschloss der Gemeinderat, die Eisdiele nun in Eigenregie zu betreiben. Und so können nicht nur Wanderer, die etwa von der Hörnertour im Naturpark Nagelfluhkette zurückkehren, ihr geliebtes Eis nach wie vor schlecken, auch eine Bäuerin samt Enkel fuhr schon auf ihrem Traktor beim Eisladen vor und hat für die ganze Bande eine Runde Eis ausgegeben.

Neun Geschmacksrichtungen sind im Angebot, neben den Standardsorten auch Alpen-Karamell oder das auf der Zunge zergehende Zartbitter, Lieblingseis des Bürgermeisters, und außerdem laktosefreie Sorten. Den Verkauf übernehmen die Mitarbeiter der Tourist-Information. Tipp: unbedingt auch den Heugäuer probieren, eine »BergLimo«, die es in den Geschmacksrichtungen Apfel-Traube oder Apfel-Johannisbeere gibt. Kein Zucker ist drin, dafür aber ein Extrakt aus Bergwiesenheu aus über 70 verschiedenen Bergkräutern, die – selbstverständlich – von naturbelassenen Allgäuer Bergwiesen stammen.

Natur pur bieten auch die Dörfer Balderschwang, Bolsterlang, Fischen und Obermaiselstein, zusammen mit Ofterschwang bilden sie die »fünf Allgäuer Hörnerdörfer«, benannt nach den umliegenden, bis 1.800 Meter hohen Bergen, genannt die »Hörner«. Und die sind wiederum Teil des Zweiländer-Naturparks Nagelfluhkette, einer der eindrucksvollen Landschaften am nördlichen Alpenrand.

Adresse Eisladen, Dorfstraße 12, 87527 Ofterschwang | Pkw B 19 an Sonthofen vorbei, rechts Richtung Schweineberg, weiter nach Ofterschwang, am Ende der Straße | Öffnungszeiten täglich 13–18 Uhr – außer wenn's regnet | Tipp Schräg gegenüber vom Eisladen liegt der Kräutergarten hinter der Tourist-Information.

83 Die Basilika

Ein Engel hat 'nen Vogel

Ein Kloster der Superlative. Schon die Anlage an sich mit ihren 142 mal 138 Metern gilt als größte Klosteranlage Deutschlands und als eine der schönsten. Die Kuppel ist 35,6 Meter hoch und hat einen Durchmesser von 22,6 Metern. Am Chorgestühl haben vier Meister zwölf Jahre lang gearbeitet. Ein Schild vor der Basilika informiert über vier weitere Superlative: 16 Altäre, 26 verschiedene Darstellungen von Tierarten, 1.200 Engel/Putten und 10.918 Orgelpfeifen an den drei Orgeln gäbe es in dem Gotteshaus.

Nachgefragt im Kloster, welche Tiere das wären und wie man die Engel gezählt hätte, antwortet Abt Johannes: »Es sind 70 Tiere in 26 Tierarten. Es macht aber wenig Sinn, über die Basilika zu berichten und dann auf die Tiere einzugehen, da die Tiere ja theologische und hagiographische Bedeutung haben. Ein paar Beispiele: Die Heilig-Geist-Taube ist das berühmteste und wichtigste Tier, der Hahn verweist auf den heiligen Petrus und seinen Verrat an Jesus, der Esel macht, im Gegensatz zu seinem ungläubigen Herrn, eine Kniebeuge vor dem Allerheiligsten Altarsakrament, der heilige Dominikus (Gründer des Ordens der Dominikaner) wird von einem Hund begleitet, der die Fackel der Wahrheit im Maul trägt (Dominicanes = Hunde des Herrn). Die Tiere sind in der ganzen Kirche zu finden. Die Zahl der Engel und Putten geht auf eine Schätzung von Frater Barnabas Riepl OSB (gestorben 1993) zurück, der unzählige Kirchenführungen gehalten hat und einmal den Versuch unternahm, sie ansatzweise zu zählen. Er ist auf die ungefähre Zahl 1.200 gekommen.«

Die vier originellen Putten, beziehungsweise ihre Attribute, an der Kanzel stellen die vier Erdteile dar. Die Reichskrone steht für Europa, der Rüssel für Afrika, Vogel und Federschmuck wie bei Häuptlingen symbolisieren Amerika und der Turban Asia. Einen Engel mit Attributen für Australien gibt es nicht, denn das kannte man damals noch nicht.

Adresse Benediktinerabtei Ottobeuren, Sebastian-Kneipp-Straße, 87724 Ottobeuren, Tel. 08332/7980 | **Pkw** A 96, Ausfahrt Erkheim/Ottobeuren, Beschilderung folgen | **Tipp** In der Basilika wurde der spätere Pfarrer Kneipp getauft. Das Becken ist übrigens das einzige Stück echter Marmor in der ganzen Basilika.

84 Das Primavera

Haus ohne Ecken und Kanten

Bei Primavera hat man eine Vision. Verantwortungsvoll mit Mensch, Natur und Umwelt möchte man umgehen. Und das soll sich schon im Firmensitz im Allgäu zeigen. Keine Ecken und Kanten und geraden Verläufe hat der, die Natur hat das ja auch nicht. Die drei Stockwerke sind oval, selbst die Balkone von einer geschwungenen Form. Und die Eingangshalle soll gar als Lunge des Gebäudes fungieren und die Energie sammeln! Ein rundes Treppenhaus verteilt sie dann, veratmet sie sozusagen auf alle Ebenen. In den Außenanlagen hält eine hohe Steinmauer den Rücken frei. Von dort aus ziehen sich niedriger werdende Wälle um das Gebäude wie eine Umarmung und vermitteln Vertrauen und Sicherheit. Die Fenster sind allerdings quadratisch, wie sie quadratischer nicht sein könnten. Ans Praktische muss man dann halt doch denken. Dafür schwingt sich das Dach wieder in Wellenform über den Bau.

Kein anderes Produktions- und Verwaltungsgebäude dieser Größe wurde ganz nach dem Prinzip von Feng Shui konzipiert, der jahrtausendealten Harmonielehre aus China. Die grundlegende Idee ist, dass der Mensch im direkten Austausch mit seiner Umwelt steht. Und das Gebäude ist quasi der Mensch in der Umwelt.

Herz der Anlage ist die Bergkristallsäule, gefüllt mit 400 Kilogramm echten Bergkristallen, das helle Foyer die Lunge. Asiatisch anmutend der ebenfalls nach Feng-Shui-Prinzipien gestaltete Garten, mit Teich und Drachen und über 10.000 Duftpflanzen. Letzteres ist insofern sehr bemerkenswert, als hier durch die Bebauung mehr biologischer Lebensraum geschaffen wurde, als vorher da war.

Bekannt ist die Weltfirma Primavera besonders für ihre ätherischen Öle. So zum Beispiel Muskatellersalbeiöl – denn es hilft, in neuen Bahnen zu denken. Im Seminarprogramm findet man Vorträge zu Themen wie »Ho'oponopono – Das hawaiianische Vergebungsritual« oder »Eine Reise von der Chemie der Atome bis zur Chemie der Liebe«.

Adresse Primavera, Naturparadies 1, 87466 Oy-Mittelberg, Tel. 08366/89880, www.primaveralife.com | **Pkw** A 96 Lindau-Stuttgart, B 12 Jegen/Kaufbeuren, rechts A 7/E 532 Füssen, Ausfahrt B 310 Oy-Mittelberg | **Öffnungszeiten** Mo–Fr 9–18 Uhr, Sa 10–18 Uhr | **Tipp** Der Park der Sinne der Rehaklinik in der Alois-Wagner-Straße 38 ist auch für die Öffentlichkeit zugänglich.

85 Der Bergwiesenpfad

So riecht die Zukunft

Die Pfrontner – also die Bewohner der 13 Pfronten, die seit dem Spätmittelalter diese Gemeinde bilden – sind stolz darauf, dass bei ihnen das Gras der über 900 Meter hoch gelegenen, nicht gedüngten und nicht beweideten Bergwiesen noch immer altertümlich und kraftraubend mit der Sense gemäht wird.

Einst betteten sich die Bergbauern, Holzknechte und Waldarbeiter nach getaner schwerer Arbeit gerne mal im nächstgelegenen Heustadel zur Ruhe, um am nächsten Morgen erstaunt festzustellen, dass sie erfrischt, frei von Muskelkater oder Rückenschmerzen, aber leicht berauscht durch das im Heu enthaltene Cumarin aufwachten. Auch wusste man schon vor 300 Jahren um die heilende Wirkung von feuchtwarmen Heupackungen in Leinentüchern bei Gicht, Rheuma und Hexenschuss. Der Hotelier Bertle vom Hotel Bergpanorama erinnerte sich Anfang der 90er Jahre daran, dass das Heu von Wiesen, die über 900 Meter hoch liegen, die beste Wirkung hat, und erfand gewissermaßen die Heu-Wellness als touristisches Angebot neu.

Was haben die Pfrontner nicht alles aus dem Heu gemacht! Also ab zur mobilen, rund 2,5 mal 1,5 Meter großen Bergwiese am Werkstadel beim Haus des Gastes. Dann weiter auf dem Bergwiesenpfad mit Duftorgel und informativer Drehscheibe zum Thema Bergkräuter, der auf zwei Kilometern ins Heumuseum führt, um noch letzte Fragen zum Thema zu klären. Jetzt diverse Heu-Kosmetika besorgen und im Hotel Heuwickel zur Erholung machen lassen. Dann abends ein Heumenü in würzigem Heusud: Gekochtes, Gegartes oder Gebratenes, Käse-Heu-Suppe und Rinder- und Schweinefilets auf Heu. Dazu ein Heubier, für Antialkoholiker eine Heugäuer Limo oder die Ökolimonade »Heuhüpfer«, den Magen schließt ein Heukäse. Ach ja, für die Lieben daheim empfehlen sich Heupralinen als Mitbringsel. Noch was: Selbst für Menschen mit Heuschnupfen ist die Heukur geeignet, denn das Heu enthält keine Pollen. Pfronten, aheu!

Adresse Heumuseum, Am Bergwiesenpfad, 87459 Pfronten. Der Bergwiesenpfad beginnt zwischen Pfronten-Röfleuten und Pfronten-Kappel am Einfängweg. | **Pkw** A 96, Abfahrt Jengen / Kaufbeuren, rechts Richtung Füssen / Marktoberdorf-Ost, auf OAL 2, Durchfahrt von Kühmoos, rechts in die Zeller Straße, durch Weißbach, rechts B 310 Füssener Straße, auf B 309 / B 310 Kemptener Straße, links Röfleuter Weg, links Edelsbergweg, rechts Stellenweg, rechts | **Tipp** Das Hotel Berghof, wo Außenszenen aus der legendären »Liebesgrüße aus der Lederhose«-Reihe gedreht wurden, bietet Heuanwendungen an. Kochkurse zur Heuküche: Trautmanns Dorfwirt, Tiroler Straße 36, 87459 Pfronten-Dorf, Tel. 08363 / 493, www.dorfwirt-pfronten.de. Heukäse: Sennerei Lehern, Lehern 158, 87659 Hopferau, Tel. 08362 / 7512.

86 Burg Falkenstein

König Ludwigs letzter Traum

Noch spektakulärer, noch eindrucksvoller als das in Sichtweite gelegene Schloss Neuschwanstein sollte Burg Falkenberg werden, König Ludwigs II. letzter Traum. – Der nur eine gemalte Vision bleiben sollte, denn noch vor Beginn der Bauarbeiten ertrank der König im Starnberger See.

Die ursprüngliche Burg, von der heute nur noch einige Mauern erhalten sind, wurde um 1280 als eine provokante Drohgebärde in Richtung Herzogtum Bayern erbaut. Mehr als dies war sie aber nie, denn aufgrund seiner extrem hohen und steilen Lage war das Gemäuer nur schwer mit Wasser zu versorgen und kaum zu bewirtschaften, auch war es zu sehr den Witterungsbedingungen ausgesetzt, um gut bewohnbar zu sein. Gegen Ende des Dreißigjährigen Krieges brannte die Anlage endgültig nieder. 1883 fasste dann König Ludwig den Entschluss, die Ruine durch eine phantasievolle Schlossburg zu ersetzen. Da er zu dieser Zeit schon hoch verschuldet war, blieb ihm nichts anderes übrig, als den Felsen samt Ruine über einen Strohmann zu kaufen. Im Jahr 1885 wurden ein neuer Burgweg sowie eine Wasserleitung angelegt, viele Pläne des Schlosses Falkenstein angefertigt und wenig später wieder verworfen. Doch auch so ist die Lage der Ruine direkt am Rand einer steilen senkrechten Bergwand einfach atemberaubend.

Im Zeichen des mittelalterlichen Gralsmythos sollte Falkenstein aber kein wirklicher Wohnort werden, sondern ein Symbol des Gottesgnadentums, der Heiligkeit und Wunderkraft des Königtums. Im Zentrum der Burg das Bett – in Gestalt eines Sarkophags als Zeichen sakraler Herrschaft. Es führt nur eine einspurige Straße zur Burg, hier sollte es für den König nur hinaufgehen, aber niemals wieder hinunter. Im Ausstellungsraum unterhalb von Falkenstein ist zu sehen, wie der kühne Idealentwurf und die realistischere Variante aussahen. Sehr stimmungsvoll ist die Mariengrotte unterhalb der Ruine.

Adresse Auf dem Falkenstein 1, 87459 Pfronten | Pkw A 96, Ausfahrt Jengen / Kaufbeuren, B 16 Richtung Füssen, Ausfahrt Marktoberdorf, am Kreisverkehr 2. Ausfahrt nach Pfronten, nach Lengenwang auf St 2008, bei Eisenberg rechts OAL 2, links in den König-Ludwig-Weg. Die sehr enge und sehr steile Auffahrt führt über eine Mautstraße und ist über eine Ampel geregelt (Auffahrt jeweils eine Viertelstunde bis zur vollen Stunde, Abfahrt jeweils von der vollen bis zur Viertelstunde). Zu Fuß etwa eine Dreiviertelstunde Gehzeit. | Öffnungszeiten Die Burg ist bei fast jedem Wetter zugänglich. | Tipp Das Burghotel Falkenstein bietet hervorragende Küche, hervorragende Aussicht und ein hervorragendes König-Ludwig-Zimmer.

87__Die originellen Unterkünfte

My iglu is my castle

Schmetterlingsgefühle? Dann ab in die Allgäuer Schmetterling-Erlebniswelt, wo nachts die Hängematten zwischen den tropischen Pflanzen baumeln. Und der eine oder andere nachtaktive Falter vorbeiflattert. Hier, in der Arche Noah des Allgäus, hat schon manch ein heimatloses Exotentier eine neue Heimat gefunden. Etwa der elfjährige afrikanische Schildkrötenmann, der dringend eine Frau braucht, gerne auch zwei oder drei. Nicht immer einig scheinen sich die zwei Kakadus zu sein, will der eine doch auf gar keinen Fall in die Richtung schauen, in die der andere blickt. Am Morgen gibt's dann ein tropisches Frühstück. Tagsüber kann die Allgäuer Arche Noah besichtigt werden, und wer will, darf gerne ein Chamäleon auf die Hand nehmen.

Oder wie wäre es zum Beispiel mit einer Nacht in den »Portaledges«? Diese Schwebebetten sind wie ein baumelndes Zelt an dicken Ästen großer Bäume aufgehängt. Der Auf- und Abstieg dahin ist nur mit Seilhilfe möglich. Ganz billig ist das nicht, aber im Preis von zwei- bis dreihundert Euro sind die Isomatte und Halbpension im Baum enthalten. Eine Einweisung in die nötige Kletter- und Seiltechnik zum Auf- und Absteigen gibt es auch noch. Logisch, wie sollte man sonst ins Baumbettchen steigen. Wer es noch extremer möchte, der schläft in einer senkrechten bis überhängenden Felswand in bis zu 300 Metern Höhe.

Gesund und munter wacht man nach einer Nacht in der eigenen Hütte mit urigem »Heubett« auf. Im Preis von nicht mal 30 Euro sind die 70 Heilpflanzen, Gräser und Kräuter des Heubetts inklusive. Dusche / WC und ein reichhaltiges Frühstücksbuffet gibt's in der nahe gelegenen Gundhütte. Und wenn dann leise der Schnee rieselt, geht's zum Schneecamping nach Inuit-Manier im selbst gebauten Schneebiwak. Nach gut drei Stunden Schneeschaufeln, Sägen und Klopfen unter fachkundiger Anleitung ist das eigene Igluhäuschen schließlich bezugsbereit.

Adresse Allgäuer Schmetterling-Erlebniswelt, Gernweg 5, 87459 Pfronten (Weißbach), Tel. 08363/393, www.schmetterling-erlebniswelt.de; Pfronten Tourismus, Vilstalstraße 2, 87459 Pfronten, Tel. 08363/69888, www.pfronten.de | Pkw A 96 Lindau-Stuttgart, B 12 Jengen/Kaufbeuren, B 16 Füssen, Marktoberdorf, in Kühmoos rechts Zeller Straße, rechts B 310, rechts | Tipp Beste Käseküche gibt's in Kellers Käs-Küche in Pfronten-Kappel, Restaurant und Gästezimmer sind im Rustikalstil durchgestylt.

88 Das Bierkrugmuseum

Der Bürgermeister, die Brauerei und der Bierkrug

Rettenberg ist das südlichste Brauereidorf Deutschlands. Das verpflichtet! Seit 30 Jahren sammelt Rettenbergs ehemaliger Bürgermeister Sepp Kirchmann Bierkrüge von bayerischen Brauereien. An die 700 Exemplare von 600 Betrieben füllen die Regale des kleinen Museums. Entsprungen ist des Sammlers Leidenschaft aus einer Begeisterung für Barockklöster, von der es nicht mehr weit zu den Klosterbrauereien und den Krügen war.

Keinen einzigen Bierkrug hat er auf dem Flohmarkt erstanden, fast jedes Stück hat er höchstpersönlich aus der Brauerei abgeholt. Und zu fast jedem kann er höchst lebendig erzählen, wie er es abholte.

In Bayern Bierkrüge zu sammeln ist eine wahre Herkulesaufgabe. Also begann der Bürgermeister sich zu spezialisieren. Zuerst auf die Bierkrüge von Klosterbrauereien, dann auf die Brauereien mit einem christlichen Namen wie die Heylands Brauerei in Aschaffenburg, die Apostelbrauerei, Papst Benedikt, St. Georgen-Bräu, die Engelbrauerei in Rettenberg (»Ein Bier so himmlisch wie sein Name«). Als Nächstes kamen dann die über 30 Brauereien mit einem Tier im Namen dran, unter anderem Löwe, Adler, Auerhahn, Hasen, Schwein, Schwan.

Zur Sammlung gehören auch Bierfilze, die Bierdeckel der armen Leute, die sich keinen Krug mit Deckel leisten konnten. Ein Kuriosum: das Zeugbier aus Weiden in der Oberpfalz. Während es gebraut wurde, hisste man eine Fahne, Hinweis für die Bevölkerung, nicht in den Bach zu pieseln … Übrigens, irgendwie dumm gelaufen damals im Paradies: »Hätte Adam Paradies-Bier besessen, hätt' er den Apfel nicht gegessen.« – So ein Werbespruch einer Brauerei.

Goethe soll gesagt haben: »Sammler sind glückliche Menschen.« Damit könnte er auch Josef Kirchmann gemeint haben – den Herrn und Hüter von Bayerns kleinstem, aber wohl liebenswertestem Bierkrugmuseum.

Adresse Bierkrugmuseum, Hauptstraße 26, 87549 Rettenberg (Rottach) | **Pkw** von Süden B 19 bis Oberdorf, links abbiegen in Illerstraße, rechts abbiegen auf die OA 3 bis Rottach, kurz vor Ortsende rechts | **Öffnungszeiten** Besichtigung und Führung Do 18 Uhr, nur nach Voranmeldung unter Tel. 08327/93040 | **Tipp** Am besten in einer Gruppe kommen und nach der trockenen Biertheorie gleich vor Ort zur Praxis übergehen … Himmlisch gut schmeckt das Bier der Englbrauerei in Rettenberg. Und die zweite Brauerei vor Ort, Zötler, braut bei Vollmond das Vollmondbier.

89 Das Drachendenkmal

Menschen- und Viehwürger

Der heilige Magnus – er soll der Legende nach das Allgäu christianisiert haben – kam auf seiner Missionsreise auch in Roßhaupten vorbei. Irgendwann vor 1.200 Jahren muss das gewesen sein. Es war eine gefährliche Unternehmung, denn, so berichtet uns die Legende, wo »jetzt das Pfarrdorf Roßhaupten liegt, hauste in tiefer Schlucht ein scheußlicher Lindwurm, der Menschen und Vieh erwürgte«. Ganz besonders aber habe das Untier den Pferden nachgestellt und in seiner Höhle die Tiere in Gänze verschlungen, bis auf die Köpfe, die es in einer Ecke aufhäufte. Die Roßhauptner baten den heiligen Magnus um Hilfe. Unerschrocken ging der fromme Mann auf das Monster los, in der einen Hand einen langen Stab mit einem Kreuz am Ende, in der anderen einen pechüberzogenen Kranz. Und auf der Brust trug er zur Sicherheit ein weiteres Kreuz. Dann schleuderte er den Pechkranz in den weit geöffneten Rachen des Untieres, woraufhin dieses bald verendete.

In dieser Legende ist der Drache vermutlich ein Bild für das Heidentum, das der Missionar Magnus im 8. Jahrhundert in der Gegend um Roßhaupten bekämpfte. Die Geschichte mit dem Pechkranz lässt sich vielleicht so erklären, dass Magnus einen heidnischen, mit Holzpalisaden eingezäunten Kultplatz durch eine brennende Pechkugel zerstörte.

Heute gibt es immer noch einen Drachen in Roßhaupten zu bewundern. Zwar ist dieser nur aus Stein, und von ihm geht auch nicht diese angstverbreitende Gewalt aus, doch bewacht er wie sein Vorgänger aus der Legende die Straße nach Roßhaupten. In Wirklichkeit war hier vielleicht ein alter Kultplatz, an dem Tiere wie Pferde geopfert wurden. Und auf diese Opfer könnte der Name Roßhaupten zurückgehen. Andererseits könnte auch eine alte Befestigungsanlage nahe der Mangmühle und nahe der Via Claudia als Pferdewechselstation genutzt worden sein, wo zu »Haupten einer Rossstation« die Pferde gewechselt wurden …

Adresse an der B 16 von Füssen kommend kurz nach der Tiefentalbrücke, 87672 Roßhaupten am Forggensee | **Pkw** Richtung Süden auf der B 16, vorbei an Roßhaupten, nach der Tiefentalbrücke am linken Straßenrand | **Tipp** Rund um Roßhaupten erstreckt sich ein dichtes Wanderwegnetz. In Schloss Neuschwanstein am Ende der Wendeltreppe windet sich ein steinerner Drache. Auch über dem Schloss fliegen Drachen.

90 Das Tiefenbrugger-Denkmal

Hier spielte die erste Geige

Zu seiner Zeit im 16. Jahrhundert war Caspar Tiefenbrugger einer der besten und gefragtesten Lautenbauer Europas und ging als Pionier seiner Profession in die Geschichte ein. Auch wenn er – was allerdings noch zu beweisen wäre – als Erfinder der Geige gilt, ist er heute doch weitgehend vergessen. Wie sein Denkmal in Roßhaupten, das im Verborgenen in einer Hecke ruht.

Der 1514 geborene Tiefenbrugger entstammte einer bekannten Instrumentenbauer-Familie. Das gute Holz der Bergwälder in der Region, die römische Via Claudia Augusta als Handelsstraße und der Fluss Lech als Transportmöglichkeit des Holzes waren beste Voraussetzungen für das Gewerbe des Lautenbaus. Doch irgendwann gab es in Füssen zu viele Lautenbauer- und Geigenbauerwerkstätten, 20 auf 2.000 Einwohner. Viele Meister und Gesellen suchten sich neue Arbeits- und Absatzgebiete in südlichen Gebieten entlang der Via Claudia – es war eine große Welle der Arbeitsmigration von Norden nach Süden.

Auch Caspar Tiefenbrugger wanderte aus. Generationen von Tiefenbruggers lebten an den Königshöfen Europas, vor allem Italiens und Frankreichs. Sie schrieben Musikaliengeschichte. Einzig das Schicksal Caspars nahm einen eher tragischen Ausgang: Er war über Füssen nach Lyon gezogen. Da dort auf seinem Grundstück die Befestigungsmauern von Lyon gebaut werden sollten, wurde Tiefenbrugger enteignet. Die Stadt kam in eine Finanzkrise, der Geigenbauer bekam keine Entschädigungszahlungen. 1571 starb er als verarmter Mann.

Ein großes Vermächtnis hinterließ er dennoch. Heute sind viele der Tiefenbrugger-Geigen, die auf dem Markt sind, Fälschungen aus dem 19. Jahrhundert. Echte Tiefenbruggers gibt es nur noch in Museen. Der Name der Tiefenbruggers war für ausländische Zungen nicht zu bewältigen, und so findet man diverse Variationen wie »Duiffoprugcar«, »Dubrocard« oder »Dieffobruchar«.

Adresse Tiefenbruggerstraße, 87672 Roßhaupten am Forggensee | **Pkw** B 16 Richtung Füssen, in Roßhaupten Forggenseestraße, dann Tiefenbruggerstraße, der bronzene Tiefenbrugger sitzt in einem Busch vor der Grundschule. | **Tipp** Nicht ums Geigenspiel, sondern ums Golfspielen geht's in der 18-Loch-Golfanlage am südlichen Ortsrand am Fuße des Kalvarienberges im Ostallgäu.

91 Die Kräuterwanderung

Allgäuer Viagra

Wenn der Allgäuer rausgeht und die Samen von Brennnesseln sammelt, dann wird es heiß hergehen. Nicht weil er sich verbrennt, dafür nimmt der Allgäuer dann einfach Spitzwegerich, nein, weil Brennnesseln den Allgäuer heiß auf die Allgäuerin machen. So sagt man zumindest.

Noch mehr Natur geht nimmer als das, was sich die Scheidegger da haben einfallen lassen. Man wandert rund zweieinhalb Kilometer durch die traumschöne Allgäuer Landschaft mit Blick auf die Nagelfluhkette – also auf Berge, deren Gestein auf den ersten Blick wie Beton mit verschiedenen eingeschlossenen Steinen aussieht und das auf Allgäuerisch »Herrgottsbeton« genannt wird. Dabei pflückt die Gruppe Kräuter, die dann gemeinsam bei einer kleinen Hütte am offenen Feuer gekocht werden.

Fünf Stunden dauert die Führung, bei der die Teilnehmer bis zu sechs Gänge kochen, alle Zutaten bestehen – selbstverständlich – aus Kräutern. Da wären, je nach Jahreszeit, Gänseblümchen, Huflattich, Spitzwegerich, Beinwellblätter, Schafgarbe oder Kräuter mit Migrationshintergrund wie das mittlerweile eingebürgerte Indische Springkraut. Man lernt auch, dass Gänseblumenblüten oder Löwenzahn gut für Salate sind oder dass sich Brennnesseln zu Spinat verarbeiten lassen. Zum Abschluss des Essens kommen kein Pudding und Co. auf dem Tisch, sondern Kräutlein wie zum Beispiel gekochte Engelwurzblätter mit Früchten und Sirup. Engelwurz, früher als Allheilmittel geschätzt, heißt so, weil sie einst den Menschen von einem Engel gezeigt wurde. Ein solches Gewächs hilft gegen Zauberei und böse Geister.

Eine Scheidegger Kräuterwanderung ist also nützlich in allen möglichen Belangen des Lebens und unterhaltsam obendrein, denn gewürzt wird das Ganze von den beiden Kräuterhexen Djemila Rädler und Christine Giera mit einer kräftigen Portion von Anekdoten und Märchen rund um die Kräuter.

Adresse Scheidegg Tourismus, Rathausplatz 8, 88175 Scheidegg, Tel. 08381/89555, www.scheidegg.de | Pkw A 96, Ausfahrt Richtung Scheidegg, Bahnhofstraße, Beschilderung »Tourist-Info« folgen | Tipp Nicht versäumen sollte man eine Wanderung zu den Scheidegger Wasserfällen, die zu Recht zu Bayerns schönsten Geotopen zählen.

92 Die Kristall-Therme

Mein lieber Schwan!

Diese Nachbarschaft, dieser Blick auf Neuschwanstein verpflichten! Hier taucht man ein in die wunderlich wundersame Welt, wie sie im weitesten Sinne dem König entsprochen hat – wobei dem die Menschen, die hier gelegentlich dicht gedrängt planschen, ein Gräuel gewesen wären. Aber ganz im Sinne des Königs ist hier alles einem bestimmten Thema untergeordnet, auch die Elemente Feuer, Wasser, Erde sowie Kristalle und Edelsteine sind hier zu finden. Baden mit Blick auf Neuschwanstein, und zwar von jedem der Becken und von der Gartenanlage aus!

15 (!) Tonnen Edel- und Halbedelsteine wurden hier nach der Heilslehre der heiligen Hildegard von Bingen verarbeitet, besonders im Ruheraum – bewacht von einem beleuchteten König Ludwig im Stil der Lourdesgrotten. Sämtliche Räume der ausgedehnt-verwinkelten Wohlfühlwelt sind im Sinne Ludwigs im byzantinischen und französischen Stil gestaltet sowie der deutschen Sagenwelt angelehnt. Rein byzantinisch ist der Saunabereich mit den sieben wunderschönen Themensaunen, darunter zum Beispiel die Pfauensauna. Und täglich gibt es – dem König zu Ehren – um 11.30 und 16.30 Uhr einen besonderen Aufguss. Einmal monatlich steht romantisches Vollmondschwimmen bei Kerzenlicht sowie Blick aufs nächtliche Neuschwanstein auf dem Programm. Und einen FKK-Bereich gibt es auch noch, ebenso wie ein empfehlenswertes Restaurant.

Die ganze Therme ist nicht immer sehr stilsicher gestaltet, aber dafür mit sehr viel Liebe! Und mit vielen Schwänen. »Ich wunderte mich bei dieser Gelegenheit über die vielen künstlichen Schwäne, in Metall, Holz, Leder, auf Gemälden, an der Decke, in Glas, an den Fenstern, an Federhaltern, von denen ich mindestens Tausende zu Gesicht bekam«, schrieb Dr. Müller, Mitglied der Kommission, die damals den König abholen und für unmündig erklären sollte. Also nicht wundern, wenn es in der Kristall-Therme den einen oder anderen Schwan gibt.

Adresse Königliche Kristall-Therme, Am Ehberg 16, 87645 Schwangau, Tel. 08362/819630 | **Pkw** A 7 Ausfahrt Kempten, B 12 bis Marktoberdorf, B 16 bis Roßhaupten – OAL 1 bis Buching, B 17 bis Schwangau und Hohenschwangau, eine vergoldete Aphrodite weist den Weg! | **ÖPNV** Bahn nach Füssen, Bus RVA/OVG 73 Richtung Steingaden/Garmisch-Partenkirchen oder Bus RVA/OVG 78 Richtung Schwangau bis Haltestelle Hohenschwangau/Alpseestraße | **Öffnungszeiten** Mo – Do 9 – 22 Uhr, Fr, Sa, So 9 – 23 Uhr | **Tipp** Den Hunger nach dem Schwimmen kann man gut und günstig in der Schwangauer Käsealm im Unterdorf 1 stillen. Auf dem üppigen Käseteller darf auch der König-Ludwig-Käse nicht fehlen.

93__Der Gänsemännchenbrunnen

Plagiat, Plagiat

Durften die das? Einfach so abkupfern, was ihnen gefällt? Der Größte aller Abkupferer war, das muss mal gesagt werden, einer der Hausherren von Schloss Hohenschwangau, der sich gegenüber eine noch größere Immobilie bauen ließ. Dieser Hausherr – König Ludwig II., alias Märchenkönig – klaute, wo immer es ging und was immer ihm gefiel. So auch die Idee für diesen Gänsemännchenbrunnen.

Als junger König unternahm Ludwig im Herbst 1866 die einzige Dienstreise seines Lebens, die ihn nach Franken führte. Nach dem verlorenen Krieg gegen Preußen war die Stimmung in dieser am stärksten vom Konflikt betroffenen Provinz am Tiefpunkt. Um gut Wetter zu machen, besuchte Ludwig zahlreiche fränkische Städte – die Reise wurde ein rauschender Erfolg. Und so musste ein Souvenir her: Er orderte die Kopie eines Brunnens für den Garten von Schloss Hohenschwangau. So war er eben, der König: Er kopierte, was das Zeug hält, was seine königlichen und anderen Vorfahren gebaut haben. Sei es Schloss Herrenchiemsee (nach dem Vorbild von Versailles errichtet) oder eben der Gänsemännchenbrunnen.

Wohl kein anderer Brunnen wurde so oft kopiert wie dieses eigentlich recht unscheinbare Exemplar, dessen Original in Nürnberg auf dem Rathausplatz steht. Denn schon in Nürnberg gibt es mindestens zwei Gänsemännchenbrunnen. Johann Wolfgang von Goethe fand ihn toll und hatte ihn in Ton zu Hause. Weitere Interpretationen stehen in Meiningen, Weimar, Luzern und Thun. Bei der ersten Brunnenfigur, 1550 gegossen, handelt es sich keinesfalls, wie oft vermutet, um Hans im Glück. Sondern um einen elegant gewandeten Bauern aus dem Knoblauchsland, der unter jedem Arm eine Gans trägt, um beide auf dem Markt zu verkaufen. Die Gänse, nicht doof, ahnten, was im Busch war, und fingen ein fürchterliches Geschnatter an. Erweicht oder genervt davon trug sie der Bauersmann wieder nach Hause.

Adresse Schloss Hohenschwangau, Alpseestraße 30, 87645 Schwangau (Hohenschwangau), Tel. 08362/930830 | **Pkw** über A 7, Ausfahrt Kempten, B 12 bis Marktoberdorf, über die B 16 bis Roßhaupten – OAL 1 bis Buching, B 17 bis Schwangau und Hohenschwangau, Beschilderung »Königsschlösser« folgen | **ÖPNV** Bahn nach Füssen, Bus RVA/OVG 73 Richtung Steingaden/Garmisch-Partenkirchen oder Bus RVA/OVG 78 Richtung Schwangau bis zur Haltestelle Hohenschwangau/Alpseestraße | **Tipp** Ein recht origineller, nicht kopierter Brunnen steht vor der Tourist-Info in Schwangau: Es ist der Grundriss von Schloss Neuschwanstein.

94_Die Gedenktafeln

Königliche Unterstützung

Am kältesten Tag des Jahrs 1995, dem 29. Dezember, enthüllte der Krankenunterstützungsverein Schwangau die Tafel an der Wand eines der berühmtesten Gebäude der Welt, an Neuschwanstein. Die Stimmen erhoben sich zum Gesang, doch die Instrumente schwiegen – sie waren eingefroren. Draußen vor dem Schlosstor standen die Abordnungen von Vereinen mit ihren Fahnen. Die neu angebrachte Tafel trug die Aufschrift »Seiner Majestät / König Ludwig II. v. Bayern / In dankbarer Erinnerung und tiefer Verehrung / in Gedenken an den / 150. Geburtstag / Krankenunterstützungsverein am kgl. Burgbau / Neuschwanstein, gegr. 1867 / Schwangau, 25. August 1995«.

Wegen fehlender Technik und Sicherheitsmaßnahmen waren Bauarbeiten einst weitaus gefährlicher als heute. Bei Beginn der Arbeiten zu Neuschwanstein wurde der Krankenunterstützungsverein gegründet, so etwas gab es damals schon. Einmalig aber war, dass der König erheblich dazubezahlte, also geregelte soziale und kontinuierliche Unterstützung für seine Angestellten leistete.

Bei der Arbeit am Schloss hat sich der Bauführer Herold aus unbekannten Gründen am 23. April 1875 erschossen, am 25. Februar 1880 glitt der Zimmermann Moritz Mayr beim Aufstellen des Dachstuhls aus und starb nach dem Sturz in die Tiefe, zwei Jahre später wurde der Steinmetz Klotz zerschmettert in der Pöllatschlucht aufgefunden, Unfallursache unbekannt. Ein Jahr darauf wurde ein Steinmetz im Steinbruch von herabstürzenden Felsen erschlagen. Im Schwanseepark steht am Königssträßchen ein Bild mit dem gekreuzigten Christus und der Aufschrift »Zum frommen Gedenken / an die Verunglückten des Steinbruchs / Alterschrofen / beim kgl. Burgenbau«. Am Fuße des Kreuzes stecken zur Erinnerung an die Verstorbenen ein Hammer und eine Spitzhacke im Boden, ein weiterer Hammer und ein Meißel liegen da. Die Tafel, die einst am Schloss zum Gedenken an den Besuch Adolf Hitlers angebracht war, existiert heute nicht mehr.

Adresse Schloss Neuschwanstein, Neuschwansteinstraße 20, 87645 Schwangau (Hohenschwangau) | **Pkw** über A 7, Ausfahrt Kempten, B 12 bis Marktoberdorf, über die B 16 bis Roßhaupten – OAL 1 bis Buching, B 17 bis Schwangau und Hohenschwangau, Beschilderung »Königsschlösser« folgen | **ÖPNV** Bus 78 ab Bahnhof Füssen nach Hohenschwangau | **Tipp** Vom Tegelberg aus hat man den allerschönsten Blick auf Schlösser, Park und Alpsee. Der Alpseepark, ein Traum von einem englischen Garten, kann auf 60 Kilometern durchwandert und durchschlendert werden. Hier wachsen heute sogar Orchideen und die Enziane, seit Herzog Albrecht das Düngen des Parks untersagte.

95_Das königliche Museum

C'est merveilleux

Stumm sitzen die französischen Besucher vor dem blauen Mantel des Königs, auf den Ohren Kopfhörer, Wagners »Götterdämmerung« läuft. Ehrfurcht macht sich breit, andächtiges Schweigen. »C'est merveilleux«, raunen sie. Der gigantische Mantel des Georgsritterordens von König Ludwig II. ist nur eines der spektakulären Exponate dieses traumhaften Museums.

»Das schönste Museum in ganz Deutschland« nennt Leiterin Luitgard Löw das 2011 neu eröffnete »Museum der Bayerischen Könige«, untergebracht im ehemaligen Grandhotel »Alpenrose« – das altehrwürdige Gemäuer ist eine Sehenswürdigkeit für sich. Die Idee für das Haus hatte Franz Herzog von Bayern, den es schon lange störte, dass in der Öffentlichkeit weitgehend nur das Familienmitglied Ludwig II. wahrgenommen wurde. Die Ausstellung beginnt mit dem »Saal der Könige«, wo ein die Nibelungensage erzählender Tafelaufsatz aus 40 Teilen steht. Dann gelangt man zu einem »begehbaren« Stammbaum, der die Geschichte einer der ältesten Dynastien Europas, der Wittelsbacher, nacherzählt. Weitere Themen: Bau- und Kunstpolitik, Zeitalter der Technik, das Ende der Monarchie, die Zeit des Nationalsozialismus und natürlich der Mythos des Märchenkönigs. Prachtvoller kann das Ende der bayerischen Monarchie nicht symbolisiert werden als durch das 326-teilige Service, das König Ludwig III. und Marie Therese von ihren neun Kindern 1918 zur goldenen Hochzeit bekamen. Jedes Geschirrteil zeigt ein anderes Motiv aus dem Leben der Eltern. Kurz nach der Geschenkübergabe wurde Ludwig III. für abgesetzt erklärt.

Absolut schlicht und absolut genial: das 21 Meter breite Panoramafenster mit Blick auf den Alpsee. In den verspiegelten Fensterrahmen erblickt der Besucher gleichzeitig Schloss Hohenschwangau, obwohl dieses hoch droben rechts auf dem Berg steht. Ein optischer Trick, den man auf der Ruhebank genießen kann. Ein tolles Museum.

Adresse Alpseestraße 27, 87645 Schwangau (Hohenschwangau), Tel. 08362/9264640 | **Pkw** über A 7, Ausfahrt Kempten, B 12 bis Marktoberdorf; über die B 16 bis Roßhaupten–OAL 1 bis Buching, B 17 bis Schwangau und Hohenschwangau bis zum Parkplatz am Alpsee | **ÖPNV** Bahn nach Füssen, Bus RVA/OVG 73 Richtung Steingaden/Garmisch-Partenkirchen oder Bus RVA/OVG 78 Richtung Schwangau bis zur Haltestelle Hohenschwangau/Alpseestraße | **Öffnungszeiten** April–Sept. täglich 9–19 Uhr, Okt.–März täglich 10–18 Uhr, 24./25. Dez. geschlossen | **Tipp** Zum Museum gehört ein sehr gutes Restaurant, und der Museumsshop ist wirklich gut sortiert.

96 Die königliche Toilette

Des Königs Kabinett

Vermutlich wird kein Raum in Neuschwanstein derart missverstanden wie der Thronsaal im vierten Stock, der kein Saal im Sinne eines weltlichen, sondern eines höheren Herrschers ist, denn er gleicht einem byzantinischen Gotteshaus. Verwaist ist die Stelle, an der einst der elfenbeinerne Thron stehen sollte – Ludwig starb vor dessen Vollendung. Doch nie wollte sich der König mit einer Krone auf dem Kopf auf diesen Thron setzen, um zu regieren, der Thron sollte nur ein Symbol für das Königtum sein.

Es gibt aber doch einen Thron auf Neuschwanstein: Der blieb lange im Verborgenen, bis der neue Kastellan im Schloss 2011 entschied, die Tür zum Thronsaal zu öffnen, pardon, die Tür zur Toilette. Letztere liegt versteckt hinter der dunklen Täfelung im königlichen Schlafzimmer, würdig eines Märchenkönigs. Aus hellem Eichenholz, mit edlen Schnitzereien, gepolstert mit einem Bezug aus grünem Leder. Während die Toiletten des Volkes noch, im Idealfall, einfache Plumpsklos waren, lief im Kabinett der Spülkasten voll, wenn sich der König auf den Thron setzte. Wenn er sich nach der Sitzung erhob, sprang die Wasserspülung an. So war es zumindest geplant. Doch zu Lebzeiten des Königs war das Kabinett technisch noch nicht voll ausgestattet, und so mussten die königlichen Hinterlassenschaften in der Kanne zur Pöllatschlucht getragen werden. Übrigens war die Kabinettstür, die in den Dienstbotenbereich führte, wegen der Tönchen schallgedämmt. Und das Thrönchen war, Frauen würde es freuen, eher im Sitzen als im Stehen zu benutzen.

Andere bemerkenswerte technische Errungenschaften in Schloss Neuschwanstein: die Telefonanlage, ein Elektrogenerator, der Dampf in die künstliche Tropfsteinhöhle blies, eine Heißluftzentralheizung, auf jedem Stockwerk fließendes Wasser, in der Küche sogar heißes, und ein Drehspieß nach einem genialen Entwurf Leonardo da Vincis.

Adresse Schloss Neuschwanstein, Neuschwansteinstraße 20, 87645 Schwangau (Hohenschwangau) (Eintrittskarten gibt's im Ticket-Center in Hohenschwangau), www.neuschwanstein.de | Pkw über A 7, Ausfahrt Kempten, B 12 bis Marktoberdorf, über die B 16 bis Roßhaupten – OAL 1 bis Buching, B 17 bis Schwangau und Hohenschwangau | ÖPNV Bahn nach Füssen, Bus RVA / OVG 73 Richtung Steingaden / Garmisch-Partenkirchen oder Bus RVA / OVG 78 Richtung Schwangau bis zur Haltestelle Hohenschwangau / Alpseestraße | Öffnungszeiten April – 15. Okt. 9 – 18 Uhr, 16. Okt. – März 10 – 16 Uhr, täglich geöffnet außer am 1. Januar und am 24., 25. und 31. Dezember | Tipp Von München aus reist man per Zug viel einfacher, aussichtsreicher und preiswerter als per Auto an. Gegenüber dem Bahnhof in Füssen fährt der Bus nach Neuschwanstein ab. Unbedingt mit der Tegelbergbahn fahren und dort auf der rechten Seite den Traumausblick auf die Schlösser genießen.

97 Die Meteoriten-Gedenktafel

Knapp daneben

Ein Blitz, »der wie eine große Sternschnuppe mit viel Geräusch zur Erde rast«, so erinnert sich Schwangaus Bürgermeister an den Meteoriten, der am 6. April 2002 um 22 Uhr 20 direkt auf Neuschwanstein zielte. Gezischt hat er, gepfiffen, so als ob ein kaputtes Flugzeug über ihn hinwegrase, erinnert sich Karl Heinz Link aus Füssen an die Leuchtkugel, die mit 75.000 Stundenkilometern unterwegs war und in rund 22 Kilometern Höhe in drei bis vier Teile zerbrach. Dabei war ein 25 Sekunden dauerndes Donnergrollen zu hören, ein greller Feuerball erleuchtete die Nacht nahezu taghell.

Es ist der vierte Meteoritenfall weltweit, bei dem die Flugbahn fotografisch genau dokumentiert werden konnte und bei dem die Meteoritenteile aufgrund der Berechnungen im Gelände gefunden wurden.

Die Herkunft des Meteoriten ist aufgrund der genauen Bahndaten sehr gut bestimmt. Zudem gehört das Neuschwansteiner Exemplar einer extrem seltenen und wissenschaftlich wertvollen Meteoritenklasse an. Wäre er nicht von starken Fallwinden getroffen worden, dann gäbe es vielleicht kein Schloss mehr – was den Meteoriten weiterhin zu einem ganz besonderen Außerirdischen macht. Bei Neuschwanstein I, II und III handelt es sich um die drei kindskopfgroßen Fundstücke des Meteoriten, die wegen ihrer Fallnähe zum Märchenschloss ihren Namen erhielten. Mit 2.843 Gramm das größte Meteoritenfragment wurde an der Nordflanke des Altenbergs in Tirol gefunden. Wissenschaftler schätzen die Fundstücke des Steins auf ein Alter von 4,5 Milliarden Jahren, somit zählt der Neuschwanstein-Meteorit zur ältesten Materie des Sonnensystems.

Dass die Flugroute dieses Ausnahmeexemplars so genau bekannt ist, liegt am »Feuerkugelnetz« des Deutschen Zentrums für Luft- und Raumfahrt. Das Netzwerk von Kameras hatte die Flugbahn des Meteoriten genau dokumentiert, und so konnte erstmals der Einschlagsort genau eingegrenzt werden.

Adresse Am Wanderweg zwischen Bleckenau und Jägerhütte, 87645 Schwangau (Hohenschwangau) | Pkw über A 7, Ausfahrt Kempten, B 12 bis Marktoberdorf; über die B 16 bis Roßhaupten – OAL 1 bis Buching, B 17 bis Schwangau und Hohenschwangau, Auffahrt mit der Tegelbergbahn | ÖPNV Bahn nach Füssen, Bus RVA / OVG 73 Richtung Steingaden / Garmisch-Partenkirchen oder Bus RVA / OVG 78 Richtung Schwangau bis zur Haltestelle Hohenschwangau / Alpseestraße | Tipp Die Berggaststätte Bleckenau, Bleckenaustraße 2, wurde zwischen 1846 und 1850 im Schweizer Stil erbaut. Sie war ein Geschenk von Ludwigs Vater an seine Mutter Marie (geöffnet täglich 9 – 18 Uhr, jeden Di Radlerabend, dann bis 22 Uhr offen, Bustransfer zwischen Hütte und Schloss ab Tourist-Information Hohenschwangau).

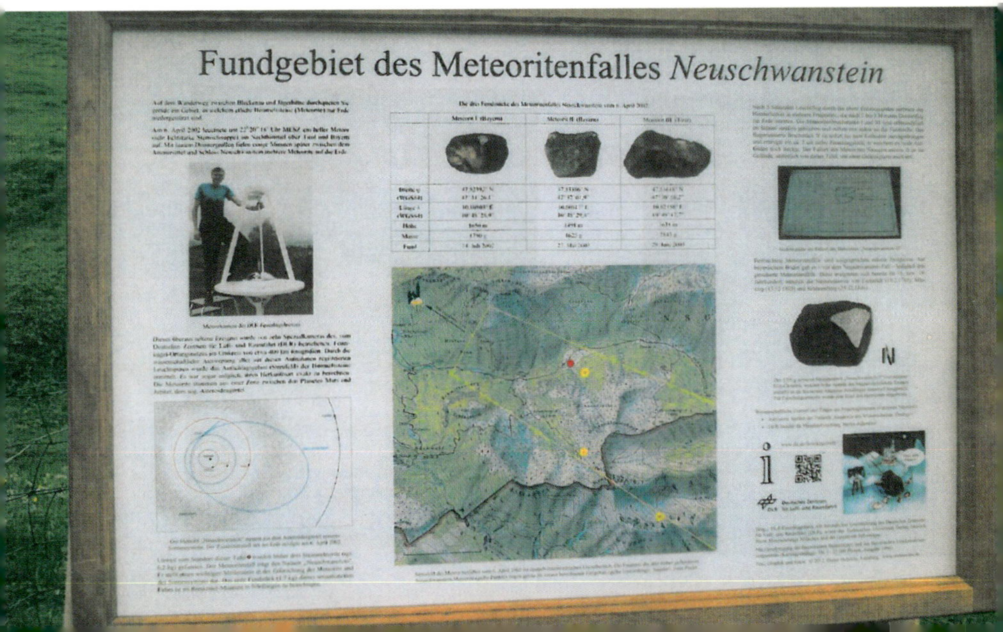

98 Das Museumscafé

Blick auf tollste Technik

In diesem absolut empfehlenswerten und sehr liebevoll geführten Café im Schloss Neuschwanstein sollte man nach dem Rundgang noch auf einen Strudel, einen Kuchen oder einen Snack einkehren. Die Wandmalereien stammen unter anderem noch von Dreharbeiten für das achtstündige Filmepos »Wagner« (tja, Wagner geht halt nicht kurz) aus dem Jahr 1982 von Tony Palmer. Der biografische Film war hochkarätig besetzt mit Richard Burton als Richard Wagner, Vanessa Redgrave als Cosima Wagner, Laurence Olivier und dem Opernstar Peter Hofmann. Die Filmfirma wollte ursprünglich in Schloss Berg drehen, hatte aber keine Dreherlaubnis von den Wittelsbachern bekommen. So wurde kurzerhand ein Raum aus Schloss Berg in Schloss Neuschwanstein, wo heute das Schlosscafé ist, an die Wand gepinselt, wo er beziehungsweise die Wandmalerei noch heute zu sehen ist.

Die Szene, die dort gedreht wurde, ist nur einen Wimpernschlag lang, aber doch eine der entscheidenden des so langen Filmepos: König Ludwig und der Komponist Richard Wagner gehen Seite an Seite in den Raum, während der Monarch laut träumt: »Siegfried, Brunhilde, Parzifal, Lohengrin, der Schwanenritter. All diesen Figuren werden wir gemeinsam Leben einhauchen, ja mehr, viel mehr, Fleisch und Blut geben und Klänge, was für Klänge.« Lohnenswert auch ein Blick an die Decke: Hier sieht man, wie ein System von Stahlträgern und Zugbändern die Lasten aus dem darüberliegenden Thronsaal auffängt. Ohne diese seinerzeit modernste Technik hätte es eine aufwendige Stützkonstruktion aus eng stehenden Säulen gebraucht, und der Raum des heutigen Cafés wäre praktisch nicht benutzbar gewesen. Durch die Glastür neben dem Café hat man eine atemberaubende Aussicht auf die Allgäuer Alpen. Schaut man von oben auf die Szenerie, entsteht der Eindruck, Hohenschwangau bilde den Leib eines Drachens, der Alpsee und der Schwansee seine beiden Flügel.

Adresse Café Neuschwanstein (nur im Rahmen einer Schlossführung zu besuchen), Neuschwansteinstraße 20, 87645 Schwangau (Hohenschwangau), Tel. 08362/81110 | Pkw über A 7, Ausfahrt Kempten, B 12 bis Marktoberdorf, über die B 16 bis Roßhaupten – OAL 1 bis Buching, B 17 bis Schwangau und Hohenschwangau, am Ortseingang parken, zu Fuß oder per Kutsche zum Schloss | ÖPNV Bahn nach Füssen, Bus RVA/OVG 73 Richtung Steingaden/Garmisch-Partenkirchen oder Bus RVA/OVG 78 Richtung Schwangau bis zur Haltestelle Hohenschwangau/Alpseestraße | Tipp Nach der Führung und vor oder nach dem Cafébesuch unbedingt die Multivisions-Schau über König Ludwig II. und seine Schlösser gegenüber anschauen.

99 Die »Seeger Motte«

Holzburg aus dem hohen Mittelalter

Der Adel baute im 10./11. Jahrhundert in Holz. Vorteil: Das gab's en masse durch die Rodungsarbeiten, Transportgebühren entfielen, und eine Holzburg war schnell gebaut. Nachteil: Sie hielt nicht über die Jahrhunderte, aber das war denen damals egal. Burgen aus Stein gibt's heute jede Menge im Allgäu, Überreste von Holzburgen kaum noch.

Die Erdhügelburg von Seeg ist eine der wenigen erhaltenen und das einzige Exemplar dieses Burgentypus im Ostallgäu. Auch gilt ihr Erdhügel als der besterhaltene seiner Art in Deutschland.

Diese Art von Burgen begann man in den 1830er Jahren zu erforschen. Damals bezeichnete sie der französische Archäologe Arcisse de Caumont als château à motte. Mit »motte« ist hierbei der charakteristische Erdhügel gemeint. Der deutsche Burgenforscher Otto Piper übernahm später die Bezeichnung »Motte« aus dem Französischen. Weil das Holz im Laufe der Jahrhunderte vermoderte und auch der später ergänzte Steinaufbau wieder abgetragen wurde, verblieb schließlich in den meisten Fällen nur noch der Erdhügel. Hier auf dem Hügel in Seeg stand also eine Holzburg, genannt wird diese Stelle »Burgstall«, wobei das Wort nichts mit den Stallungen einer Burg zu tun hat, sondern die »Stelle einer Burg« bezeichnet. Die Seeger Motte wurde auch schon mal als »schönste Allgäuer Wasserburg« bezeichnet.

Auf dem auffällig runden Erdhügel mitten in der Talsenke im Seeger Ortsteil Burk steht heute keine Holzburg mehr, sondern ein schmuckes Wochenendhäuschen. Rund um den Erdhügel verlief und verläuft ein breiter Wassergraben zum Schutz vor feindlichen Angriffen. Von der ehemaligen Vorburg ist nur noch wenig erhalten. Im Mittelalter residierten hier die Brüder Suuiker de Seekke und Gerboldus de Seekke, die 1138 erstmals urkundlich erwähnt wurden. Sie und ihre Nachfahren standen wohl als Verwaltungsbeamte im Dienst der Welfen und des Hochstifts Augsburg.

Adresse 87637 Seeg (Burk) | **Pkw** A 7 Richtung Füssen, Ausfahrt 138 Rückholz/Nesselwang/Seeg und der Beschilderung nach Seeg (5 Kilometer) folgen, bis Seeg-Ortsmitte fahren, weiter Richtung Bahnhof/Roßhaupten bis zum Ortsende, dann links nach Seeg-Burk | **ÖPNV** Zugstrecke Buchloe–Marktoberdorf–Füssen, Bahnhof Seeg, oder Buslinie Roßhaupten–Seeg–Nesselwang | **Öffnungszeiten** Die mit einem privaten Ferienhaus bebaute Motte ist jederzeit von außen zu besichtigen. | **Tipp** Der Seeger Bahnhof wurde 2012 mit dem Bayerischen ÖPNV-Preis ausgezeichnet, weil sich die Gestaltung an die für das Allgäu typische Moorlandschaft anlehnt. Rundherum wachsen moortypische Baumarten wie Birken, Kiefern und Heide, das Gebäude selbst ist in den Farben des Seeger Wappens gehalten.

100 Industriedenkmal Dampfsäg

Arche Noah umgedreht

Ein gepflasterter Weg schlängelt sich durch die künstlerisch gestaltete Außenanlage und führt zu der imposanten 370 Quadratmeter großen Sägehalle. Egal, ob man durch das geräumige Tor die alte Säge betritt oder durch die überdachte Eingangstür, der erste Anblick des riesigen Tonnengewölbes in meisterhafter Holzbauweise ist äußerst beeindruckend.

Die 1890 gegründete Dampfschneidesäge war eine der wichtigsten holzverarbeitenden Betriebe des Günztals. Aus jener Gründerzeit stammen noch die 1891 erbaute Kistenmacherei, in der überwiegend Holzkisten für den Transport von Käse und Fisch gefertigt wurden, und die 1917 nach einem Brand errichtete Sägehalle. Die gewagte Konstruktion der Halle geht letztlich auf den königlichen Architekten Philibert de l'Orme (um 1510–1570) in Paris zurück. Und der war ein ganz Großer seines Fachs: Nachdem er sich mit antiken Monumenten und den Bauten der Hochrenaissance vertraut gemacht hatte und für Papst Paul III. tätig gewesen war, überwachte er in späteren Jahren unter anderem den Bau von Schloss Fontainebleau und schuf das Château d'Anet, das Heinrich II. für seine Mätresse Diane de Poitiers bauen ließ.

Zurück zur Dampfschneidesäge: 1988 schloss das Sägewerk seine Tore; um nur zwei Jahre später vom Ehepaar Klaus und Ortrun Bilgram erworben zu werden. Sie sorgten dafür, dass die Halle unter Denkmalschutz gestellt wurde. Ihr Ziel war zum einen der Erhalt eines Industriedenkmals und zum anderen, eine mit Leben gefüllte Kultur- und Veranstaltungshalle zu schaffen. Die Sägehalle ist der einzige noch bestehende Bau dieser Art im deutschsprachigen Raum. Heute finden hier Konzerte, Kinoveranstaltungen, Flohmärkte, Kabaretts, Workshops und Vorträge statt – die Dampfsäge ist mittlerweile eine aus der Region nicht mehr wegzudenkende Institution.

Adresse Dampfsäg, Westerheimer Straße 10, 87776 Sontheim, Tel. 08336/226, www.dampfsaeg.de | Pkw A 96, Ausfahrt Erkheim/Sontheim, Beschilderung folgen, nach dem Ortsschild Sontheim 1. links in die Westerheimer Straße | Tipp Noch ein Geschenk gesucht? Wie wäre es mit einer Patenschaft für ein Allgäuer Rindvieh? Weitere Infos auf der Homepage der Dampfsäg.

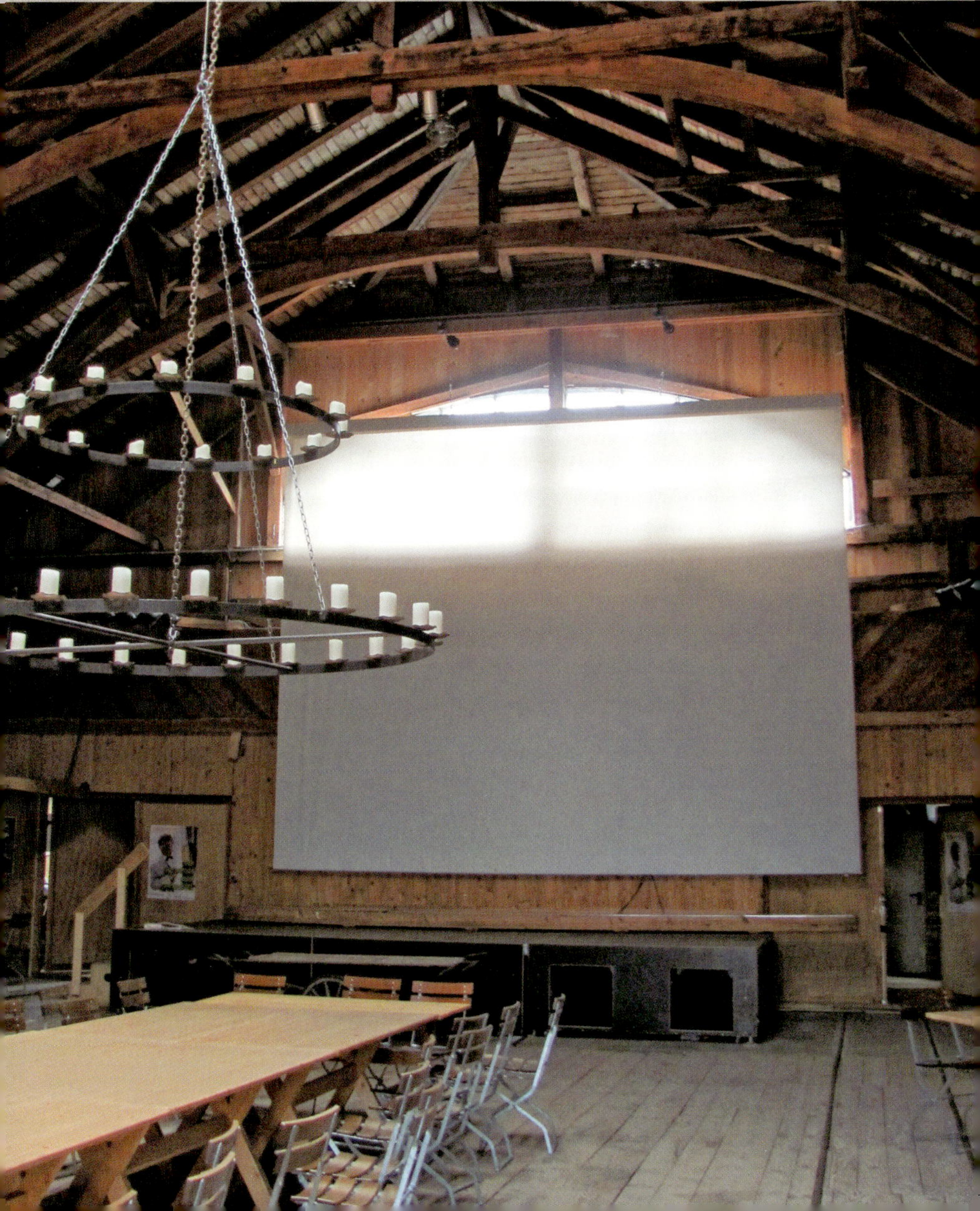

101 Die Ordensburg

Kaderschmiede des »neuen Menschen«

Hoch über dem Illertal schiebt sich ein steinerner Zwitter – baulich irgendwo zwischen Kirche, Burg und Neuschwanstein angesiedelt – vor die idyllische Alpenkulisse. Steingewordener Ausdruck eines wahnsinnigen Systems, das nicht weniger als den »neuen Menschen« in einem Elite-Internat dort oben züchten wollte. Das gewaltige Gebäude sollte die Größe und Herrschaft der Nazis symbolisieren und das Deutsche an sich darstellen. Die 16 Glocken im Turm sollten an eine christliche Kirche erinnern und die neue Religion des Nationalsozialismus betonen. Die neun Fenster an der Front standen für die dreifache Triade, die Vollendung, Erfüllung, Anfang und Ende, das Ganze, das irdische Paradies und für den Krieger, der bereit ist, sein Leben für seine Ideale zu opfern. Hitlers Traum: »In meinen Ordensburgen wird eine Jugend heranwachsen, vor der sich die Welt erschrecken wird. Eine gewalttätige, herrische, unerschrockene, grausame Jugend will ich.«

Nach außen wurde getrutzt, innen wurde geduzt. Die Devise hieß: »Gemeinnutz geht vor Eigennutz«, das Führungsprinzip: »Jugend führt Jugend«. Neben den üblichen Fächern gab es auch Unterricht in »NSDAP« oder »Modellflugbau«, wobei die Jungs spielend den Einstieg in die Luftwaffe lernen sollten. Und beim Reiten ging es darum, dem Tier seinen Willen aufzuzwingen. Nach einem Bombenangriff kurz vor Ende des Zweiten Weltkriegs, bei dem die Ordensburg nicht getroffen wurde, diente sie als Lazarett. Seit 1956 ist hier die »Generaloberst-Beck-Kaserne« der Bundeswehr untergebracht.

Einer dieser »neuen Menschen« sollte Hardy Krüger werden, der dort mit 15 Jahren für den Fliegerfilm »Junge Adler« entdeckt wurde. Der Film wurde in Babelsberg gedreht, wo Krüger lernte, was es wirklich mit dem Nazi-System auf sich hatte, und von da an ein Doppelleben im Internat führte. In ständiger Angst, sich im Schlaf zu verraten.

Adresse Generaloberst-Beck-Kaserne, 87527 Sonthofen | Pkw B 19, in Sonthofen Ausfahrt links zur B 308 auf die Östliche Alpenstraße, rechts abbiegen auf die Berghofer Straße, links auf die Hofener Straße bis zur Kaserne | Öffnungszeiten nur von außen zu besichtigen | Tipp In der Kunstwerkstatt Patrick Schank in Sonthofen-Altstädten, Untere Ebnat 8, kann sich jeder sein Kreuz aus dem Holz seiner Wahl schnitzen lassen (Tel. 0170/1524615, http://kunstwerkstatt-schank.de).

102 Die Wieskirche

Grad nochmals gut gegangen

Puh, das war knapp. Am 29. November 1811 galt die Wieskirche, dieses angeblich »gänzlich unnütze Gebäude«, als gerettet. All dieser Prunk, all diese Putten, das war dem »Vater des modernen bayerischen Staates« – Maximilian Graf von Montgelas – zutiefst zuwider. Der bedeutende Politiker brachte Bayern Wohlstand, verstanden hat er es nie. Und so wollte er die barocken Kirchen und Klöster – mit denen das Land geradezu übersät war – im Zuge der Säkularisation auflösen.

Also wurden die kirchlichen Kunstwerke und Kulturgüter versteigert, verramscht, verkauft. Die Wieskirche sollte für läppische 2.519 Gulden unter den Hammer kommen. Bittschriften der Bauern führten dazu, dass die Kirche zumindest so lange fortbestehen durfte, »als sie sich selbst durch ihr eigenes Vermögen und die eingehenden Opfergefälle erhalten kann«. Die Bauern sammelten Geld – und konnten die Kirche zurückkaufen.

Die Wallfahrt in der Wies entstand ab dem Jahr 1730, als im nahen Kloster Steingaden der Abt die Freitagsprozession einführen wollte und dafür eine Figur des gegeißelten Heilands brauchte. Er fand auf dem Dachboden zwischen Gerümpel einen wohlgeformten Kopf, einen verstaubten Leib, Arme und Füße. Alle Teile wurden zusammengefügt, obwohl sie nicht zusammenpassten. Also wurde der Corpus mit einer Leinwand überzogen, teilweise mit Tüchern ausgestopft, das Haupt mit Haaren bedeckt und mit Ölfarben übermalt – und so entstand der gegeißelte Heiland. Drei Jahre später wurde dieser in die Kleiderkammer des Klostertheaters verfrachtet, dann dem Klosterwirt übergeben, von dessen Kindern misshandelt, bei einem Maler untergestellt, dort von der Bäuerin Maria Lori abgeholt. Der Heiland vergoss alsbald Tränen – wen wundert es, nach dem, was er durchgemacht hatte –, Bitten wurden von ihm erhört und Wunder gewirkt. Am 10. Juli 1746 war es so weit: Der Grundstein für die Wieskirche wurde gelegt.

Adresse Wieskirche, Wies 12, 86989 Steingaden (Wies), Tel. 08862/932930 | **Pkw** A 96 Lindau-Stuttgart, B 17 Landsberg am Lech-West, Kreisverkehr B 17, in Steingaden ausgeschildert | **Öffnungszeiten** Sommermonate täglich 8–20 Uhr, Wintermonate 8–18 Uhr | **Tipp** In der Nähe, in Steingaden, ragt das Welfenmünster mit Wessobrunner Stuck und romanischem Kreuzgang aus dem 12. Jahrhundert auf.

103 Die Kühe vom Auerberg

Horn ist in

Es hat etwas Urzeitliches an sich, dieses Hornvieh am Fuße des Auerbergs. Noch ist der Anblick einer kompletten Kuhherde mit Hörnern eher selten. Aber sie liegt im Trend, die Hornkuh! Bis vor Kurzem wurden in der konventionellen Viehhaltung die Kälbchen enthornt, in den ersten sechs Lebenswochen der Kleinen ist das ohne Betäubung erlaubt.

Die Hörner werden entfernt, weil die Tiere, sind ja auch nur Lebewesen, gelegentlich streiten, und da kann es dann die eine oder andere Verletzung geben. Außerdem kann so ein Horn auch für den Kuhhalter zur Gefahr werden. Aber was hat sich die Natur eigentlich dabei gedacht, den Kühen Hörner aufzusetzen? Nun, die Hörner sind so etwas wie ein Rangabzeichen. Kuh erkennt dann sofort an anderer Kuh: Die ist wichtig. Oder nicht wichtig. Und der Bauer erkennt, ob das liebe Vieh gesund und arbeitsfähig ist. Deshalb war es anno dazumal das erklärte Ziel, eine Kuh mit harmonisch ausgebildeten Hörnern zu züchten.

Gehen wir von der Wiese am Auerberg ins Internet. Was lesen wir da? Nicht alle Bauern heißen die Entwicklung der hornlosen Kuh gut. So entstand innerhalb des Bio-Rings Ende 1998 ein selbstständig agierender Arbeitskreis, der aufzeigen möchte, dass die Haltung behornten Viehs durchaus möglich ist. Das Heft »Die Kuh und ihre Hörner« sorgte für viel Wirbel.

Ökologisch korrekt in Sachen Kuhhörner verhielt sich in der jüngeren Vergangenheit einzig und allein der Demeter-Verband, der Hornlosigkeit für hirnlos erklärte und für seine Tiere verbot. Als erwiesen gilt, dass die Milch von Hornkühen besser ist als die ihrer hornlosen Artgenossen. Demeter ist ein geschütztes Markenzeichen, unter dem nach anthroposophischen Prinzipien biologisch-dynamisch erzeugte Produkte verkauft werden. Durch Ausgrabungen weiß man, dass früher, zur Römerzeit, die unterschiedlichsten Rindertypen und Rindergrößen hier am Auerberg grasten.

Adresse Geisenhofen, 87675 Stötten am Auerberg | **Pkw** von Buchen über Stötten nach Geisenhofen, dort beginnt der circa 40-minütige Fußweg auf den Auerberg, oben herrliche Aussicht auf die Alpen | **Tipp** Preiswürdig gut gestaltet ist das Auerbergmuseum im Kiebelehaus in der Mühlenstraße 9 in 86975 Bernbeuren. Thematisiert wird die Siedlungsgeschichte des Auerbergs und der ältesten stadtähnlichen Niederlassung der Römer in Bayern – »einer Akropolis gleich«, so befand einst der griechisch-römische Geograf Strabo.

104 Der Urschleim

Wie alles begann

In Sulzberg selbst scheint man stolz zu sein auf den Sensationsfund im Ort. Vor etwa vier Milliarden Jahren bevölkerten unseren Planeten nur ein paar Bakterien. Die bildeten den Urschleim, aus dem alles Leben, also auch wir, entstand. Diesen Urschleim gibt es heute noch im Meer, in 10.000 Metern Tiefe, und – wie man seit Neuestem weiß – auch im Allgäu.

Im Jahr 2012 wollten Geologen eigentlich nur im alten Heilwasser-Stollen die Quellen erfassen, um die Grundwasserverhältnisse für ganz Bayern festzustellen. Dabei entdeckten sie Tropfsteine, die, anders als normal, nicht fest waren, sondern glibberig von der Decke des Stollens herabhingen. Die Wissenschaftler ahnten es: Das hier ist etwas ganz Besonderes. Wie sich dann herausstellte, handelt es sich bei dem Glibberschleim um die Urbakterien. Normalsterbliche dürfen die Höhle heute nicht mehr betreten. Nur noch Forscher mit Spezialmaske. Und vielleicht bald die NASA wegen der Ähnlichkeit des Urschleims mit dem Leben auf dem Mars. Auch wenn man selbst nur vor einem Deckel über einem Erdloch steht, lohnenswert ist ein Besuch dennoch wegen der ganzen Anlage.

Auf dem ausgedehnten Areal, hinter dem die Kaverne liegt, entstand eine Kuranstalt, nachdem 1837 hier ein Gastwirt seinen mächtigen Kropf loswurde. Da es damals im Allgäu viele Kröpfe gab, entstand eine starke Nachfrage nach dem jodhaltigen Wasser. Doch nach dem Zweiten Weltkrieg war es aus mit dem Kurleben. Zuletzt fanden hier Suchtkranke, besonders Spielsüchtige, Zuflucht. Doch die Klinik wurde im Frühjahr 2014 geschlossen.

Das jodhaltige, so gesunde Wasser fließt übrigens bis heute ungenutzt aus der Quelle in den nahe gelegenen Bach. Was den Urschleim anbetrifft, so hoffen die Forscher, dass er uns Aufschluss gibt über das Entstehen des Lebens auf der Erde und wie das Leben in seinen Ursprüngen einmal ausgesehen hat.

Adresse Römerhaus, Jodbad Sulzbrunn, 87477 Sulzberg, Tel. 08376/92040 (Die Quelle liegt hinter dem lang gestreckten Holzbau, dort ist auch ein Inforaum zur Geschichte des Bades.) | **Pkw** von der B 309 nach etwa 2 Kilometern außerhalb von Sulzberg bei der Bushaltestelle der Beschilderung »Römerhaus« folgen | **Tipp** Es gibt zwei Heinrichwege in Sulzberg und um Sulzberg herum, die auf Schautafeln das Leben der Ritter thematisieren.

105 Der Kreisverkehr

Sieben Schwaben wirst du sehen

Die beiden Bundesländer im Süden sind auch hier führend, das muss doch mal gesagt sein. Mit 170 kunstvollen Kreisverkehren in Baden-Württemberg und 32 in Bayern überbieten die Südländer die Nordländer bei Weitem. Kunst im Kreisverkehr nennen sich die manchmal recht merkwürdigen Gebilde auf den Verkehrsinseln. Sie sind meist im ländlichen Raum ein paar hundert Meter vor dem Ortsschild anzutreffen, wo Landstraßen in Orte führen.

Anfang der 1990er Jahre begriffen die Verkehrsplaner mehr und mehr, dass das Runde dem Eckigen überlegen ist und dass Kreisverkehre gegenüber den bis dahin üblichen Kreuzungen den Verkehr im steten Fluss halten, das Tempo verringern, dadurch weniger Unfälle passieren und dass sie insgesamt preisgünstiger sind als Ampelanlagen. Ein paar Jahre später folgte die Erkenntnis, dass ein Kreisverkehr noch sicherer wird, wenn er in der Mitte leicht erhöht ist und somit früher wahrgenommen wird.

Nicht immer ist so gut nachvollziehbar, was die Kunst auf dem Kreisverkehr mit dem jeweiligen Ort zu tun hat. In Türkheim sind es die sieben Schwaben, die durch den Türkheimer Dichter Ludwig Aurbacher bekannt wurden. Er war es auch, der den Schwaben in dieser Erzählung einen Namen verliehen hat: Allgäuer, Seehas, Nestelschwab, Blitzschwab, Spiegelschwab, Gelbfüssler und Knöpfleschwab.

Bei der Geschichte geht es im Wesentlichen um »die Sieben«, die nach dem Motto »Wie alle sieben für einen, so für alle sieben nur einen« in wechselnder Reihenfolge an einen einzigen Spieß geklammert zwischen Bodensee und Ries über Augsburg quer durch Schwaben ziehen und dort eine Art Drache bekämpfen, der sich als Hase herausstellt. Aurbachers Geburtshaus heißt heute »Siebenschwabenhaus«, dort stehen außen auch die Namen der sieben Tölpel angeschrieben. Übrigens hat sich Türkheim den Begriff der »Sieben Schwaben« schützen lassen.

Adresse an der B 300 am Ortseingang nach 86842 Türkheim | Pkw A 96, Ausfahrt Türkheim an der B 300 am Ortseingang | Tipp Im historischen Siebenschwabenhaus in der Wörishofer Straße 26 finden Ausstellungen örtlicher Künstler statt (Tel. 08245 / 967187).

106 Die Mariengrotte

Mystisch, merkwürdig, katholisch

Wenn man es nicht besser wüsste, würde man an dem kleinen Wäldchen glatt vorbeigehen; am Wäldchen und an der Mariengrotte, zu der linker Hand vom Weg einige Stufen führen. Mariengrotten haben oft etwas Kitschiges an sich, wie vieles, was aus dem sogenannten einfachen Volksglauben stammt. Nicht so diese Grotte. Ein Gebilde von fast vier Metern Höhe, vegetabil, organisch gewachsen, gebaut in den Jahren 1916 bis 1918 von Johann Mayr, einem Bauern der Gemeinde Waltenhofen. Der wortkarge, verschlossene Mann bewirtschaftete zur damaligen Zeit mit seiner Schwester zusammen einen nahe gelegenen Bauernhof. Als er eines Tages anfing, per Pferdefuhrwerk Tag um Tag Kies aus der Iller auf diese Anhöhe emporzukarren, begann sich Misstrauen in der Umgebung gegen ihn zur regen. Wusste ja keiner, dass er da ganz alleine eine Tuffstein-Grotte zu Ehren der Gottesmutter mauerte. Eine Grotte, die sich über die Madonna wie ein Firmament wölbt. Und ein Dach, das von gebogenen Eisenbahnschienen getragen wurde. Um dann Anfang der 20er Jahre auch noch einen Kreuzweg dazuzubauen, und nebenan noch eine kleine Jesusgrotte, in der zahllose Kreuze stehen. Kerzen sind erwünscht, weitere Kruzifixe nicht, wie die Aufschriften auf Steinen wissen lassen.

Bauer Johann Mayr wollte sich mit dieser Grotte nicht dafür bedanken, dass er den Ersten Weltkrieg überlebt hatte, sondern dafür, dass er niemals in diesen eingezogen wurde, weil er auf der Einberufungsliste schlichtweg vergessen worden war. Ob auf diesem markanten, geheimnisvollen Hügel schon früher eine Kultstätte stand, weiß niemand. Aber die Atmosphäre da oben ist magisch. Alljährlich werden Maiandachten abgehalten. Oft brennen Kerzen, und man findet frischen Blumenschmuck. Ein magischer Ort, typisch für das Allgäu, erbaut von einem »Spintisierer«, einem nicht so recht in die rationale Welt passenden Menschen, wie er ebenso typisch für das Allgäu ist.

Adresse Filialkirche St. Cosmas u. Damian, Illertalstraße 53, 87448 Waltenhofen (Rauns) | **Pkw** B 19 Waltenhofen, Immenstädter Straße links, Rathausstraße, bei der Bushaltestelle in Rauns links »Ins Thal« abbiegen, rechts in das kleine Wäldchen, dort links die Grotte; oder bei der Kirche St. Cosmas und Damian parken, von dort circa 45 Minuten zur Grotte gehen | **Tipp** Unbedingt auch in die Kirche St. Cosmas und Damian schauen. Sie stammt aus dem 14. Jahrhundert und ist den beiden Apothekenheiligen gewidmet.

107_Der Fidelisbäck

Im Paradies

Nomen est omen: Der Fidelsbäck liegt in der Paradiesstraße! Mit Blick auf das Martinstor, auf dem geschrieben steht: »Lasse Dir Zeit.« Urgemütlich ist es da drinnen, rustikal, statt modern und steril renoviert. Eine paradiesisch überbordende Verkaufstheke bietet Spezialitäten, die mitgenommen, in der Wirtschaft oder im Biergarten genossen werden können. Die Bäckerei existiert seit anno 1505 und ist nun in der vierten Generation im Besitz der Familie Heine.

Absolute Spezialität, nach traditionellen Rezepten gebacken, sind das Holzofenbrot und die Seelen, ein knuspriges Gebäck aus Mehl, Hefe, Salz und Wasser, das heutzutage das ganze Jahr über erhältlich ist. Dabei geht es auf einen uralten Brauch zurück: auf den Volksglauben, dass auch die Verstorbenen wie die Lebenden Nahrung erhalten sollten. Zu gewissen Zeiten wurde den Toten Essen geopfert, diese Allerseelenopfer wurden dann in Gaben an Kinder und Arme umgewandelt. Auch wurden Seelen an Allerheiligen als Heiratsantrag verschenkt.

Eine weitere absolute Spezialität im Fidelis: der Leberkäse. Dieser entstand in der Zeit nach dem Zweiten Weltkrieg, als man im Fidelisbäck nach einer einfachen, schnellen Brotzeit für die Gastwirtschaft suchte. Bäckermeister Josef und Metzgermeister Alois fanden gemeinsam eine Lösung: den Fidelisbäck-Leberkäs, der heute noch wie damals hergestellt wird.

In dieser Bäckerei kommt nichts fertig ins Haus, hier werden die fast 120 verschiedenen Gebäcksorten in mehreren Schichten gebacken. Die letzten frischen Laugenhörnle kommen gegen 17 Uhr aus dem Ofen. Wer ins Fidelis geht, sollte kontaktfreudig sein, denn hier gibt's in der Regel keinen Tisch für einen alleine, hier setzt man sich einfach dazu und kommt ins Gespräch. Jeder kommt hierher, Einheimische, Touristen und Bauarbeiter, und das ist seit jeher ein gutes Zeichen für ein vernünftiges und günstiges Essen!

Adresse Anton Heine GmbH Fidelisbäck, Paradiesstraße 3, 88239 Wangen, Tel. 07522/795931, www.fidelisbaeck.de | **Pkw** von Norden B 32, an der Stadtmauer parken, Buchweg, zu Fuß weiter über die Gegenbaurstraße und links Herrenstraße zur Paradiesstraße | **Öffnungszeiten** Mo–Fr 8–22 Uhr, Sa 8–14 Uhr | **Tipp** Über die Stadt verteilt findet man viele zum Teil sehr witzige Brunnen wie zum Beispiel auf dem Saumarkt den heiligen Antonius inmitten von Schweinen, eine Frau, die ihrem Mann in der Öffentlichkeit den Kopf wäscht oder den Brunnen mit dem spuckenden Bürgermeister.

108 Die Zitat-Stelen

Schwindel. Gefühle

In Amerika, in Mexiko kennen sie ihn, nur hierzulande ist er nur wenigen bekannt. Hier wurde er mal gelobt, mal als zu manieristisch gescholten: Winfried Georg Sebald, Anwärter auf den Nobelpreis (für sein Buch »Austerlitz«) und nach Ansicht mancher einer der größten deutschen Autoren. Geboren wurde der Schriftsteller am 18. Mai 1944 in Wertach, sein Großvater Josef Egelhofer, öfters in Sebalds Werk erwähnt, war 20 Jahre Polizeikommissar in Wertach.

Bekannt wurde Sebald mit dem Buch »Schwindel. Gefühle«. In der Erzählung »Il ritorno in patria« verarbeitete er Bruchstücke seiner Erinnerung an die Kindheit in Wertach. Und so kommen bis heute Besuchergruppen von weit her, um auf den Spuren des Autors zu wandeln. Und das lässt sich in Wertach vortrefflich tun, denn dort kann man den Sebald-Weg gehen. Auf sechs Stelen stehen Originalzitate aus seinem Buch, Zitate, die sich auf den jeweiligen Ort beziehen. Die Aufstellung der Stelen folgt dem Erzählrhythmus des Buches, das heißt, sie sind nicht gleichmäßig über die Wegstrecke verteilt.

An Sebalds Geburtshaus (im Haus der Firma Taxi Seefelder hinter dem Hotel Adler) hängt eine unscheinbare Gedenktafel. Von dort ist es nicht weit zum Engelwirt, der im Buch eine üble Kaschemme ist, wo die Bauern und Holzknechte auf den Holzbänken sitzen und stier vor sich hin glotzen. Das aber ist lange her. Sebald selbst hatte seiner Heimat, dem Allgäu, schon nach dem Abitur den Rücken gekehrt, um an der englischen Universität Norwich Literaturwissenschaften zu lehren. Im Ausland sehnte er sich nach dem Backsteinerkäse (Romadur), der nach dem Ziegelstein benannt ist und stinkt. So hatte der Autor einmal aus England von einem fluchenden Postboten berichtet, der sich über die »bloody foreigners« ereiferte, als er Sebald einen Brief mitsamt stinkendem Käseinhalt zustellen musste.

Adresse Taxi Seefelder, Grüntenseestraße 3, 87497 Wertach | **Pkw** A 7 Füssen, Ausfahrt Oy-Mittelberg, B 309 Pfronten-Nesselwang, B 310, rechts abbiegen | **Tipp** Im Käseladen schräg gegenüber der Tourist-Information gibt es den Weißlacker Käse, den König der Stinkekäse, der ein Jahr Reifezeit bis zum vollen Aroma braucht und in gute Käsespätzle gehört.

109 Die Keltenköpfe

Dunkle Gesellen, helle Mauern

Als die Römer frech geworden und über die Alpen kamen – im Jahr 15 v. Chr. war's –, lebten im Allgäu nur hier und da ein paar keltische Stämme. Ansonsten war es eher einsam, bis auf die keltischen »Großansiedlungen« Cambodunum (Kempten) und Damasia (Auerberg). Und so sind die Überreste aus keltischer Zeit eher spärlich, die Viereckschanzen und Grabhügelfelder meist überwachsen. Umso interessanter sind daher die wenigen Relikte aus jener Zeit.

Aber zuerst mal ein Kurzkurs in keltischem Kopfkult: Die Kelten waren nämlich der Überzeugung, mit dem abgetrennten Kopf eines Feindes nicht nur seine Kraft und sein Wissen zu übernehmen, sondern auch seinen Geist in der Jenseitswelt ein für alle Mal unschädlich zu machen. Pflegten sie noch anfänglich die Köpfe in Bäumen aufzuhängen, so gingen sie später dazu über, diese in Stein nachzubilden. Wohl wegen der Haltbarkeit der Schädel.

Und so nimmt es nicht wunder, dass so manches christliche Gotteshaus heidnische Keltenkulte, im Fall von Wildpoldsried Köpfe, aufweist. Sie befinden sich an der linken Seite der Dorfkirche, also an der äußeren Südwestecke (man muss genau hinschauen, weil die Fratzen unter der grauen Übermalung liegen). Die Kirche selbst stammt aus dem späten 14. Jahrhundert, der Turm ist romanisch, das Innere barockisiert.

Die ersten christlichen Missionare im Allgäu kamen aus Irland, oft stammten sie ursprünglich aus der keltischen Priesterschaft, der Druidenkaste. Irgendwie schlägt das Druidenwissen noch heute bei den Wildpoldsriedern durch: Bei den Kelten sollen die Druiden großes astronomisches Wissen besessen und die Sonne sehr genau beobachtet haben. Das zweitwichtigste Fest der Kelten war das Fest Beltane, bei dem sie am 1. Mai den Beginn der hellen Jahreshälfte feierten.

Und hier schließt sich der Kreis, denn Wildpoldsried wurde als Energiedorf bekannt und 2009 mit dem deutschen Solarpreis ausgezeichnet (Solar bedeutet »die Sonne betreffend«).

Adresse Pfarrkirche St. Georg und St. Mauritius, Kemptener Straße 1, 87499 Wildpoldsried | **Pkw** A 96 Lindau-Stuttgart, B 12 Jengen/Kaufbeuren, Lindau/Kempten, Abfahrt Wildpoldsried, in die OA 18 Marktoberdorfer Straße, weiter auf Kemptener Straße | **Tipp** Das Allgäu glänzt mit eigenartigen Ortsnamen. Die Ortsteile von Wildpoldsried heißen: Einöde, Ellenberg, Eufnach, Frohnschwenden, Hutoi, Obereiberg, Meggenried, Trampoi, Trogoi und Unteregg.

110 Die St.-Jakobus-Pfarrkirche

Himmel und Hölle, Hitler und Churchill

Der einzige Sohn des Ehepaars Friedrich und Anna Rösch ist am 26. Dezember 1942 in Russland gefallen. Anlass für die beiden, das Deckengemälde in der Pfarrkirche St. Jakobus in Auftrag zu geben und dafür dem Maler August Braun 4.000 Reichsmark als Honorar zu bezahlen. Für damalige Verhältnisse viel Geld angesichts der 81 Pfennig Stundenlohn eines Industriearbeiters.

Wie jedes Deckengemälde einer barocken Kirche hat auch dieses eine zentrale Botschaft: »Denn das Wort vom Kreuz ist zwar denen, die verloren gehen, eine Torheit, uns aber, die wir gerettet werden, ist es eine Kraft Gottes.« (1. Kor. 1,18). Links sind die »Guten« dargestellt, die Bauernheilige Notburga, ein von den Nazis verfolgter Bischof und der heilige Georg, der Drachentöter, der vielleicht den Stifter Rösch selbst zeigt, sowie verschiedene Heilige, wobei Paulus mit dem Schwert den Maler repräsentiert.

Auf der rechten Seite stehen die »Bösen«. Oben die »Bonzen«, die Kriegsgewinnler, Champagnergläser haltend. Ein Teufel versucht, einen Kapitalisten in den Höllenschlund zu ziehen. Unter diesen sind ein Herr mit Zwicker (ein leicht verfremdeter Adolf Hitler?) und Sir Winston Churchill, darunter ein Zeitung lesender Intellektueller, sich vom Betrachter abwendend. Churchill bei den Bösen? 1943 kam es zur Friedenskonferenz der Anti-Hitler-Koalition in Casablanca, wo die bedingungslose Kapitulation Deutschlands beschlossen und die totale Bombardierung deutscher Städte geplant wurde. Unter der vermutlichen Darstellung von Hitler sieht man einen Kommunisten und einen Sozialisten, darunter Judas mit den Silberlingen, diskutierende Pharisäer und den hohen Priester, der Jesus ans Kreuz lieferte. Der Maler hat nie bestätigt, dass der Mann mit der Nickelbrille Adolf Hitler darstellt, kein Wort war in den Zeitungen zu lesen. Erstaunlich, das Gemälde stammt aus dem Jahr 1944, jeder konnte es sehen.

Adresse Dorfstraße, 88364 Wolfegg (Rötenbach) | **Pkw** A 9, Ausfahrt Leutkirch-West, auf der B 465 nach links Richtung Bad Wurzach, links Richtung Wolfegg auf der L 317, in Wolfegg links Richtung Rötenbach abzweigen. Fahrt mit traumhafter Aussicht! | **Tipp** Im Wolfegger Automuseum im Fritz-B.-Busch-Weg 1, einem der größten seiner Art in Deutschland, erzählt jedes Auto seine Geschichte, zum Beispiel der Cadillac von Hans Albers.

111 Der alex

Einmal München – Lindau und zurück

Ganz offiziell ist der alex eine von der Vogtlandbahn betriebene Zuggattung des Schienenpersonennahverkehrs in Bayern. Der türkis-gelb-silberne Zug verkehrt auf der Strecke München-Immenstadt-Lindau/Oberstdorf. Seit dem 9. Dezember 2007 werden die Züge aus Richtung München in Immenstadt geteilt; die Lok fährt mitsamt drei Wagen weiter nach Westen nach Lindau, die hinteren Waggons bekommen »hinten« – wegen der anderen Ausfahrtrichtung – eine neue Lok angehängt und fahren in Richtung Süden nach Oberstdorf.

Angenommen, man nimmt den Zug kurz nach neun Uhr morgens ab München, dann fährt man 2,45 Stunden nach Lindau, ohne Umsteigen. Haltestellen unterwegs: Pasing, Geltendorf, Kaufering, Buchloe, Kaufbeuren, Biessenhofen, Günzach, Kempten, Martinszell, Immenstadt, Oberstaufen, Röthenbach, Heimenkirch, Hergatz, Lindau. Der Zug hält direkt auf der Insel in Lindau, direkt an der Mole. Und zwischendurch hat man immer die Möglichkeit, auszusteigen. Im Bistroabteil gibt's nette Viererbereiche mit Tischen und Margeriten auf blauen Untergrund-Bezügen. In den anderen Bereichen warten blau gestreifte, bequeme Sitze. In der Regel bewirtet den Gast nettes Personal. Viel junges Volk im Zug, viele gut gelaunte Ausflügler! Und im Bistro gibt's günstig Kaffee und Kuchen, beides durchaus genießbar! Oder Baguette, Butterbrezel, Sandwich, jeweils wahlweise mit einem Heiß- oder Kaltgetränk. Rot- oder Weißwein ist auch im Angebot, und zwar als ein echtes Viertelchen. Dazu noch kleine Bistrogerichte. Das Ticket ist nach Fahrtbeginn ohne Aufpreis im Zug lösbar, es gilt auch das Bayernticket.

Mit dem Auto: Wenn kein Stau ist, eine Stunde und 50 Minuten, vor sich Blech, rechts und links des Fensters meistens Lärmschutzwände. In Lindau: Parkplatzsuche. Kosten: je nach Schätzung und Belegung das Zweifache vom Zug.

Adresse Alex-Kundencenter, Vogtlandbahn-GmbH, Bayerstraße 24, 80335 München | **Tipp** Schon mal von Heimenkirch gehört? Mal dort gewesen? Nein? Dann ist das eine gute Gelegenheit, zwei Stationen vor Lindau in Heimenkirch eine Zwischenstation einzulegen. Im Gasthof Kreuz wurde der Film »Daheim sterben die Leut« gedreht, und im Ortsteil Mekatz gibt's im Mekatzer Bräustüble das beliebte Meckatzer Weizenbier und immer wieder sonntags ofenfrischen Krustenbraten.

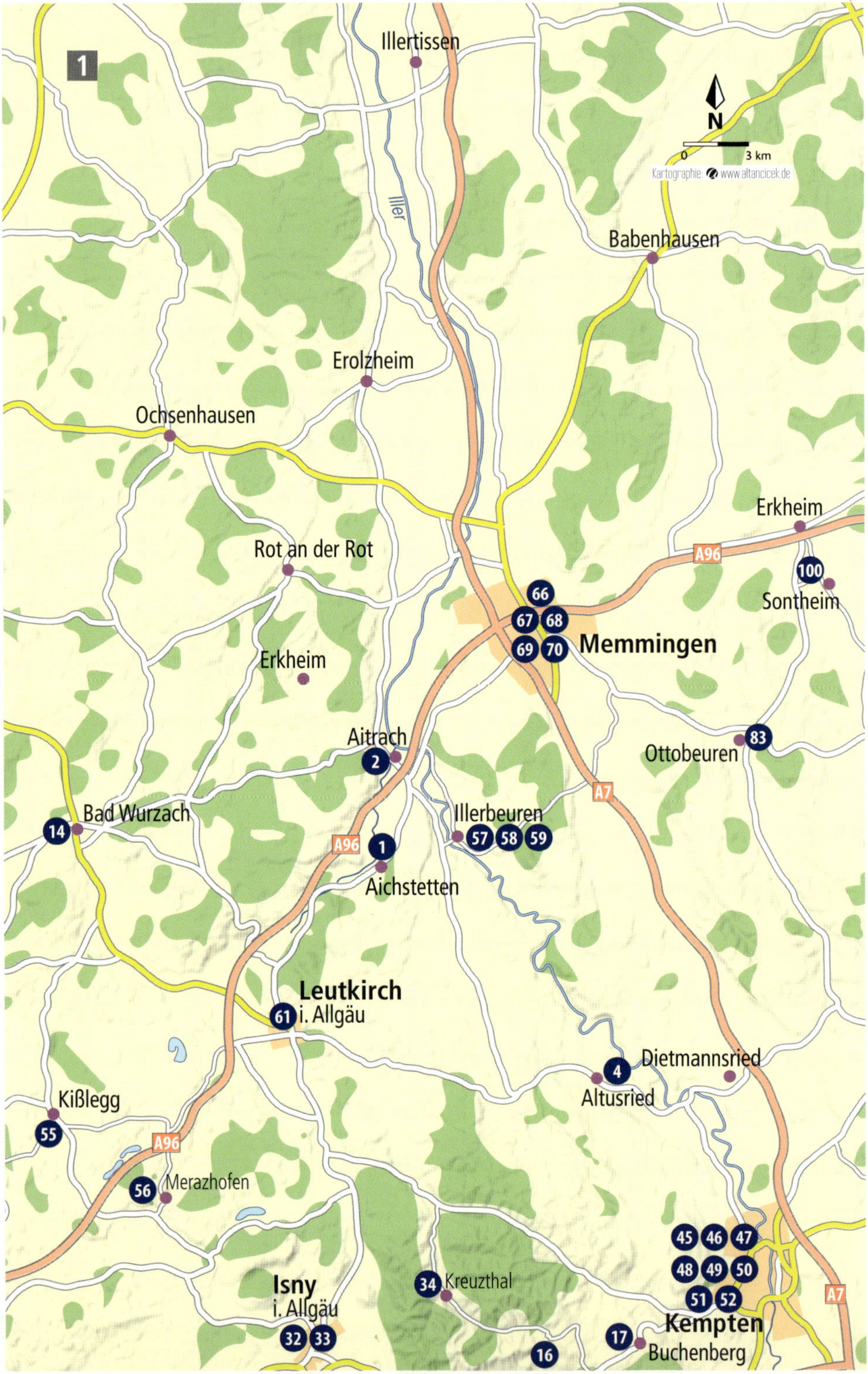
1
N
0
3 km
Kartographie: www.altancicek.de
Illertissen
Iller
Babenhausen
Erolzheim
Ochsenhausen
Erkheim
A96
100
Sontheim
Rot an der Rot
66
67
68
69
70
Memmingen
Erkheim
Aitrach
2
83
Ottobeuren
A7
Bad Wurzach
14
Illerbeuren
57
58
59
A96
1
Aichstetten
Leutkirch
61
i. Allgäu
Dietmannsried
4
Altusried
Kißlegg
55
A96
56
Merazhofen
45
46
47
48
49
50
51
52
Isny
i. Allgäu
34
Kreuzthal
A7
32
33
16
17
Kempten
Buchenberg

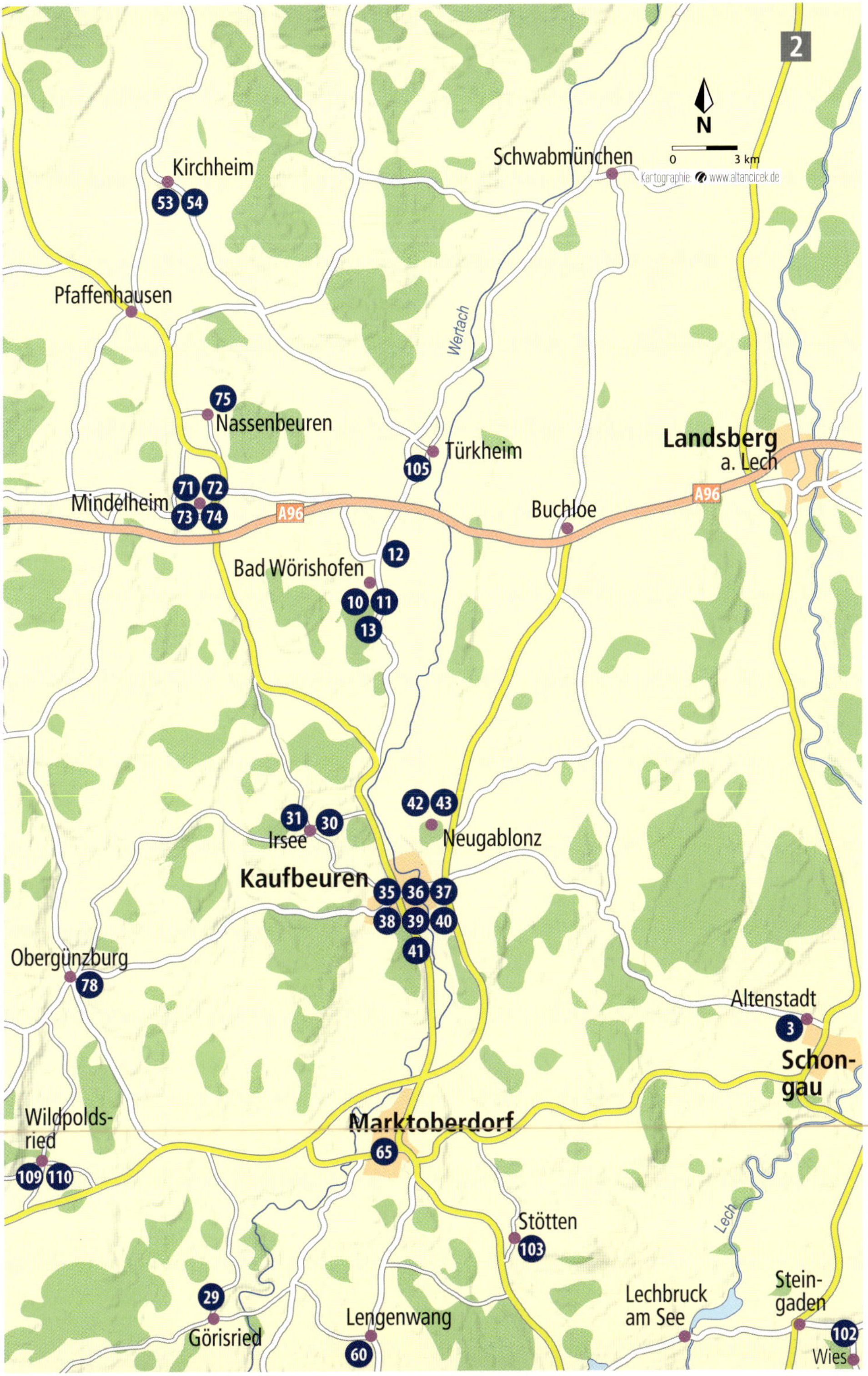
2
N
0
3 km
Kartographie: www.altancicek.de
Kirchheim
53
54
Schwabmünchen
Pfaffenhausen
Wertach
75
Nassenbeuren
Türkheim
105
Landsberg
a. Lech
71
72
Mindelheim
73
74
A96
Buchloe
A96
12
Bad Wörishofen
10
11
13
42
43
31
30
Irsee
Neugablonz
Kaufbeuren
35
36
37
38
39
40
41
Obergünzburg
78
Altenstadt
3
Schon-
gau
Wildpolds-
ried
109
110
Marktoberdorf
65
Stötten
103
Lech
29
Görisried
Lengenwang
60
Lechbruck
am See
Stein-
gaden
102
Wies

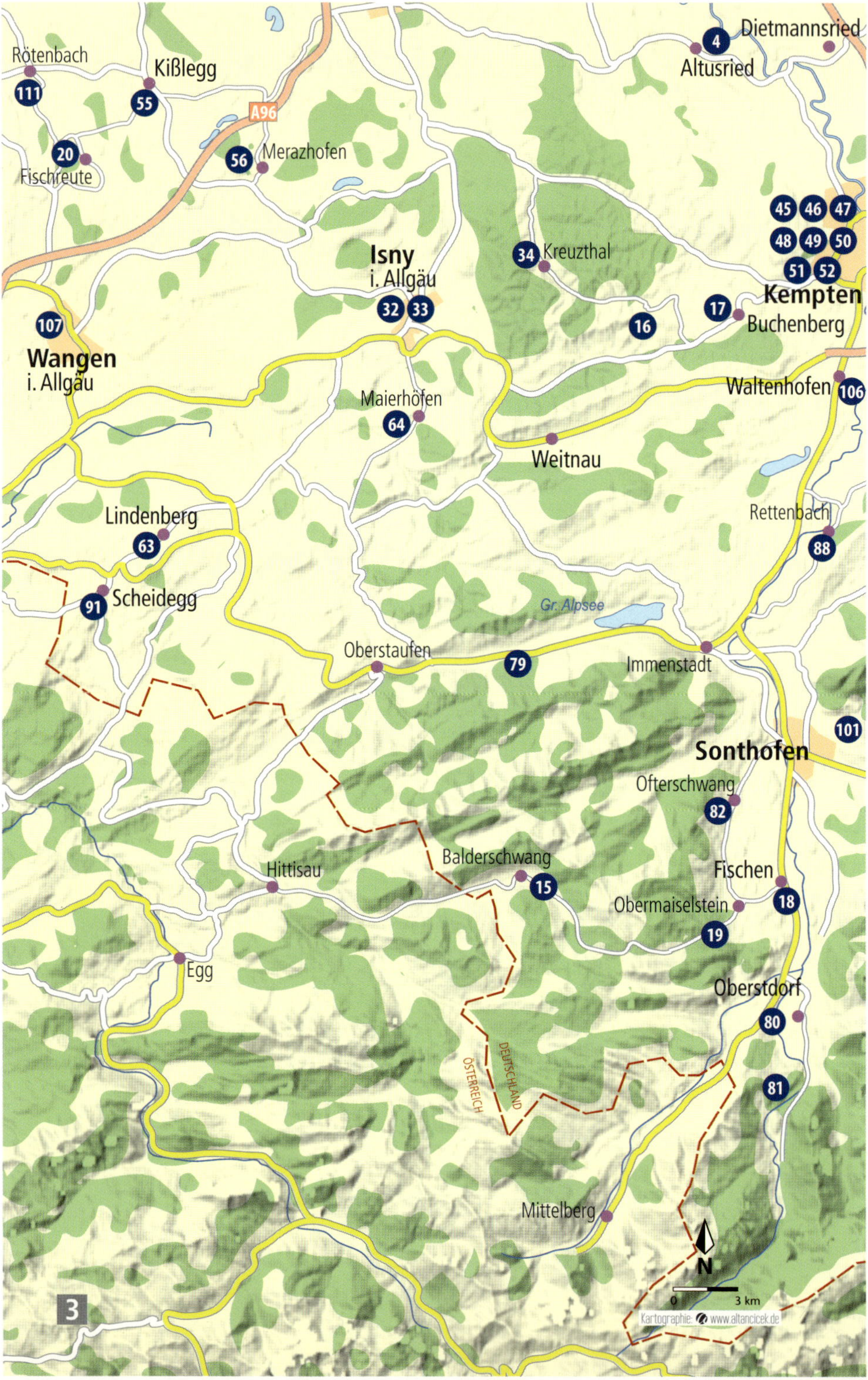
Rötenbach
111
Kißlegg
55
A96
20
Fischreute
56
Merazhofen
4
Dietmannsried
Altusried
45
46
47
48
49
50
51
52
Kempten
Isny
i. Allgäu
32
33
34
Kreuzthal
16
17
Buchenberg
107
Wangen
i. Allgäu
Maierhöfen
64
Waltenhofen
106
Weitnau
Lindenberg
63
Rettenbach
88
91
Scheidegg
Gr. Alpsee
Oberstaufen
79
Immenstadt
101
Sonthofen
Ofterschwang
82
Balderschwang
15
Hittisau
Fischen
18
Obermaiselstein
19
Egg
Oberstdorf
80
DEUTSCHLAND
ÖSTERREICH
81
Mittelberg
N
0
3 km
Kartographie: www.altancicek.de
3

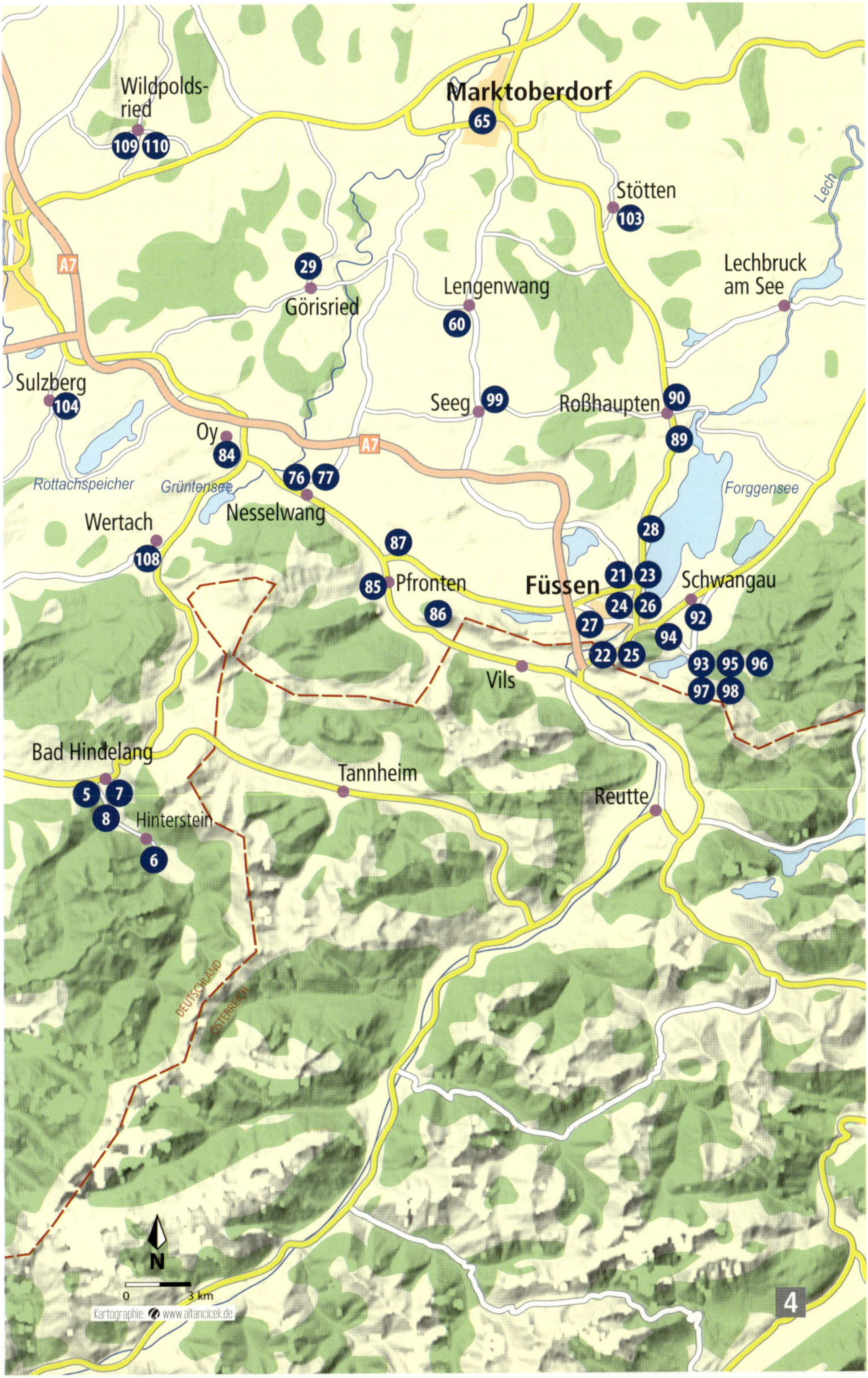
Wildpolds-
ried
109
110
Marktoberdorf
65
Stötten
103
Lech
A7
29
Görisried
Lengenwang
60
Lechbruck
am See
Sulzberg
104
Seeg
99
Roßhaupten
90
89
Oy
84
A7
76
77
Rottachspeicher
Grüntensee
Nesselwang
Forggensee
Wertach
108
87
28
Füssen
21
23
Schwangau
85
Pfronten
86
24
26
92
27
94
22
25
93
95
96
Vils
97
98
Bad Hindelang
Tannheim
5
7
Reutte
8
Hinterstein
6
DEUTSCHLAND
ÖSTERREICH
N
0
3 km
Kartographie: www.altancicek.de
4

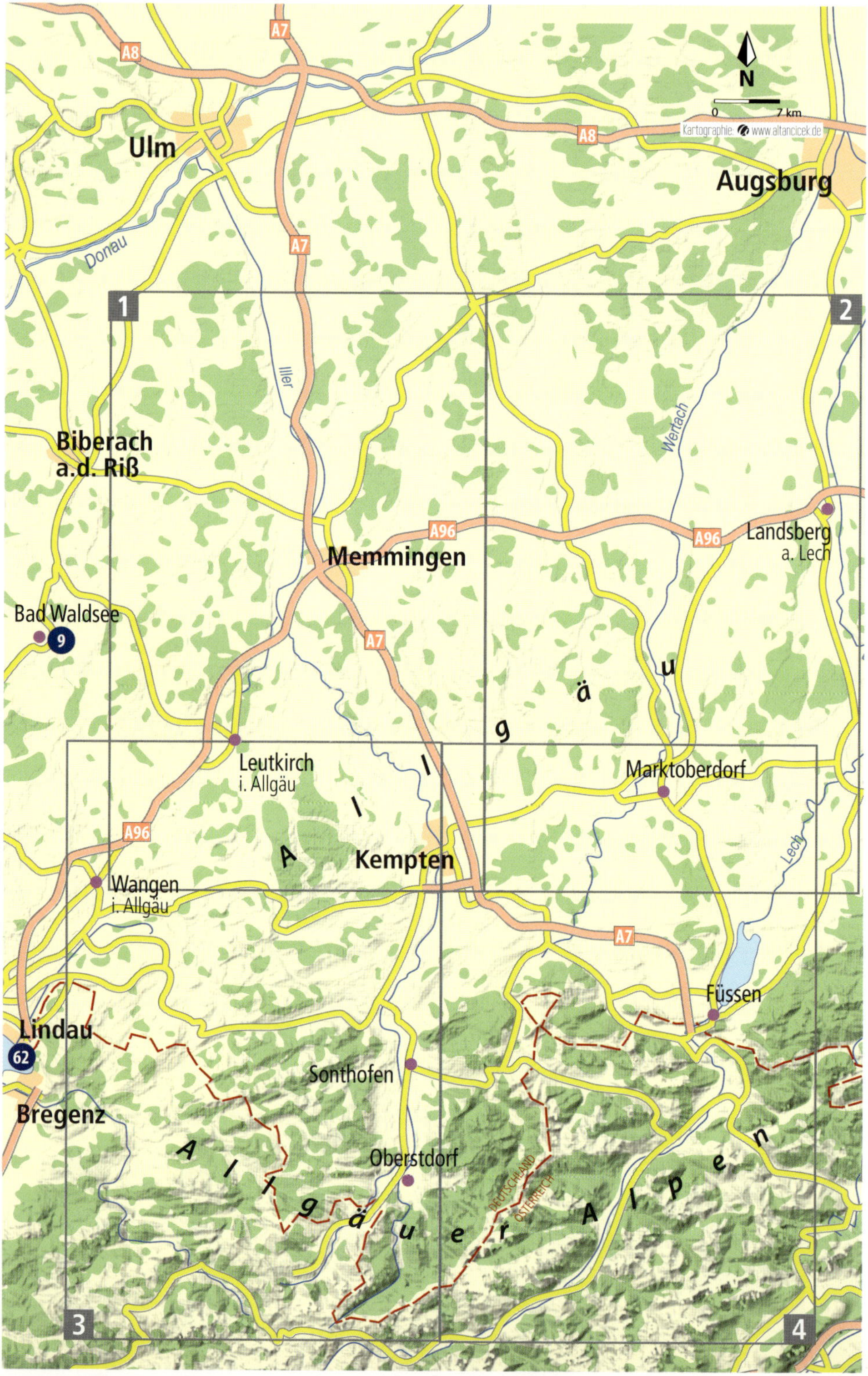

N
0
7 km
Kartographie: www.altancicek.de
1
2
3
4
A8
A7
A96
Ulm
Augsburg
Donau
Iller
Wertach
Biberach
a.d. Riß
Memmingen
Landsberg
a. Lech
Bad Waldsee
9
Leutkirch
i. Allgäu
Allgäu
Marktoberdorf
Kempten
Wangen
i. Allgäu
Lech
Füssen
Lindau
62
Bregenz
Sonthofen
Oberstdorf
Allgäuer Alpen
DEUTSCHLAND
ÖSTERREICH

Rüdiger Liedtke
111 Orte auf Mallorca, die man gesehen haben muss
ISBN 978-3-89705-975-7

Susanne Thiel
111 Orte in Madrid, die man gesehen haben muss
ISBN 978-3-95451-118-1

Ralf Nestmeyer
111 Orte in der Provence, die man gesehen haben muss
ISBN 978-3-95451-094-8

Peter Eickhoff
111 Orte in Wien, die man gesehen haben muss
ISBN 978-3-89705-969-6

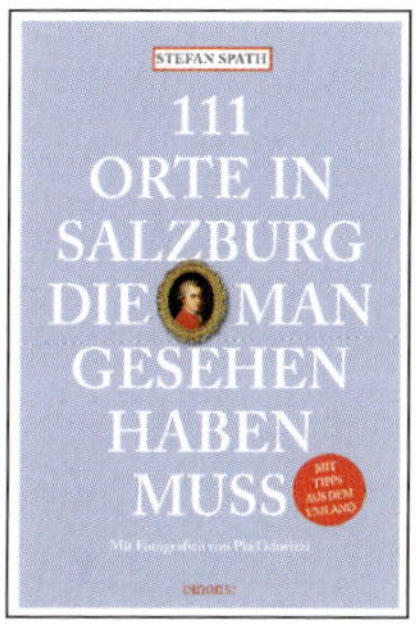

Stefan Spath
111 Orte in Salzburg, die man gesehen haben muss
ISBN 978-3-95451-114-3

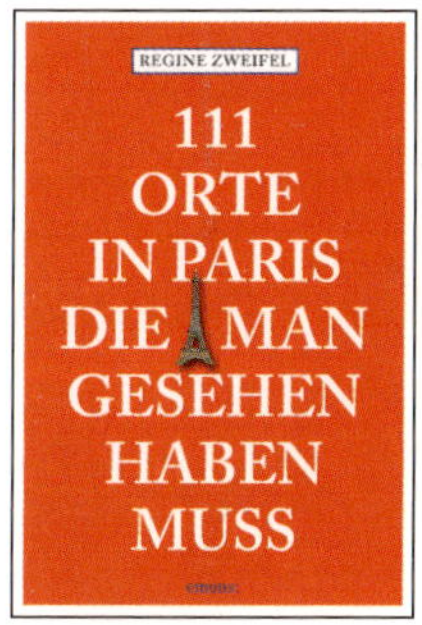

Regine Zweifel
111 Orte in Paris, die man gesehen haben muss
ISBN 978-3-89705-823-1

Dirk Engelhardt
111 in Barcelona, die man gesehen haben muss
ISBN 978-3-95451-066-5

John Sykes
111 Orte in London, die man gesehen haben muss
ISBN 978-3-95451-117-4

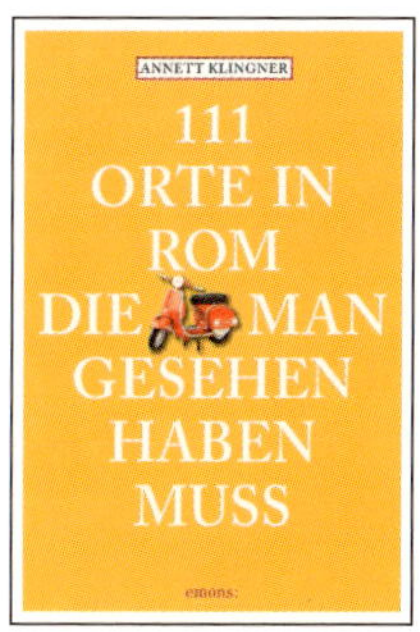

Annett Klingner
111 Orte in Rom, die man gesehen haben muss
ISBN 978-3-95451-219-5

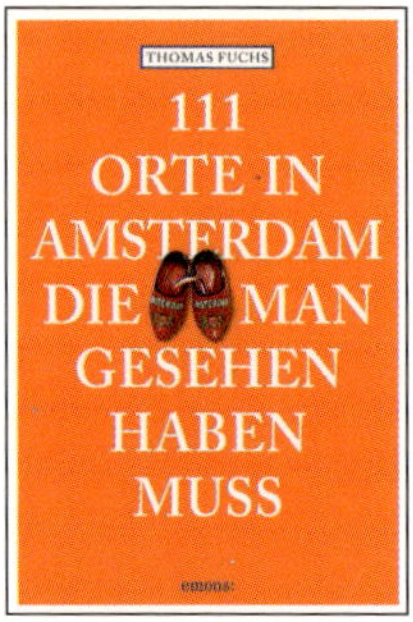

Thomas Fuchs
111 Orte in Amsterdam, die man gesehen haben muss
ISBN 978-3-95451-209-6

Stefan Spath / Gerald Polzer
111 Orte im Salzkammergut, die man gesehen haben muss
ISBN 978-3-95451-231-7

Christiane Bröcker, Babette Schröder
111 Orte in Stockholm, die man gesehen haben muss
ISBN 978-3-95451-203-4

Lucia Jay von Seldeneck, Carolin Huder, Verena Eidel
111 Orte in Berlin, die man gesehen haben muss
ISBN 978-3-89705-853-8

Rike Wolf
111 Orte in Hamburg, die man gesehen haben muss
ISBN 978-3-89705-916-0

Bernd Imgrund
111 Kölner Orte, die man gesehen haben muss
Band 1
ISBN 978-3-89705-618-3

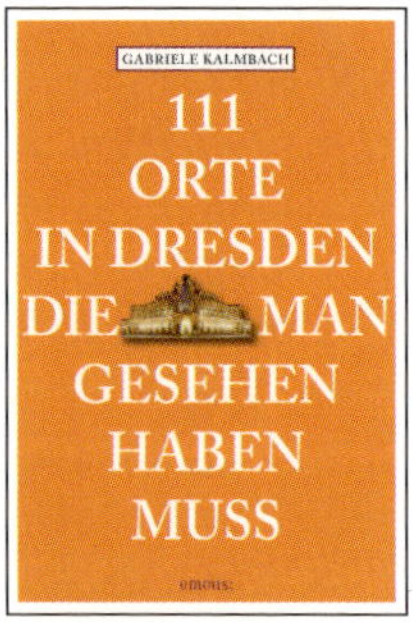

Gabriele Kalmbach
111 Orte in Dresden, die man gesehen haben muss
ISBN 978-3-89705-909-2

Oliver Schröter
111 Orte in Leipzig, die man gesehen haben muss
ISBN 978-3-89705-910-8

Rüdiger Liedtke
111 Orte in München, die man gesehen haben muss
ISBN 978-3-89705-892-7

Daniela Bianca Gierok
und Ralf H. Dorweiler
111 Orte im Schwarzwald, die man gesehen haben muss
ISBN 978-3-89705-950-4

Barbara Goerlich
111 Orte auf der Schwäbischen Alb, die man gesehen haben muss
ISBN 978-3-89705-948-1

Lucia Jay von Seldeneck,
Carolin Huder, Verena Eidel
111 Orte in Berlin, die Geschichte erzählen
ISBN 978-3-95451-039-9

Stefanie Jung
111 Orte in Mainz, die man gesehen haben muss
ISBN 978-3-95451-041-2

Gabriele Kalmbach
111 Orte in Stuttgart, die man gesehen haben muss
ISBN 978-3-95451-004-7

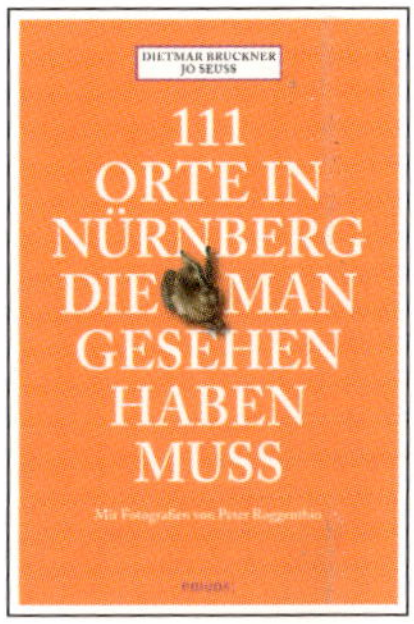

Dietmar Bruckner, Jo Seuß
111 Orte in Nürnberg, die man gesehen haben muss
ISBN 978-3-95451-042-9

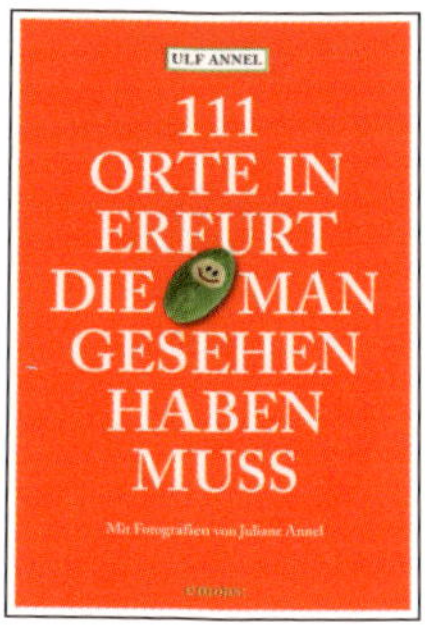

Ulf Annel
111 Orte in Erfurt, die man gesehen haben muss
ISBN 978-3-95451-022-1

Oliver Schröter
111 Orte in Sachsen, die man gesehen haben muss
ISBN 978-3-95451-021-4

Reiner Vogel
111 Orte in Regensburg, die man gesehen haben muss
ISBN 978-3-95451-054-2

Die Autorin

Cornelia Ziegler kennt da nichts – sie redet einfach mit jedem. Über Biber, Kuhmaulschuhe und Toilettenthrone. Die gebürtige Badenerin mit Bayernblut und jahrelange Griechenlandexilantin zog jüngst los in ein fremdes Land: ins Allgäu, wo sie manch seltsame Sitten, Stätten und Genossen fand. Die glühende Anhängerin des Kini lebt heute in München und freut sich des Lebens als Stadtführerin und Autorin.

Der Fotograf

Chris Sindermann, Jahrgang 1951, ist ein Bayer wie aus dem Bilderbuch. Mit Grant und König Ludwig an der Wand. Auf Spuren des Königs in Bayern fotografierte und recherchierte er mit Cornelia Ziegler schon in früheren Jahren. Und noch viel früher war er im Chiemgauer Land für seine Fotografien bekannt. Übrigens: Unter Grant versteht man eine hochdifferenzierte bayerische verbale und nonverbale Form dessen, was man in Norddeutschland Nörgeln nennt, wobei dem bayerischen Grantler ein gewisser philosophischer Fatalismus innewohnt.